SONDERZAHL

Rudolf Burger

Abstriche

Vom Guten. Und Schönen. Im Grünen.

SONDERZAHL

Publiziert mit Unterstützung des Bundesministeriums für Unterricht und Kunst, des Bundesministeriums für Wissenschaft und Forschung und des Kulturamtes der Stadt Wien

Satz: Ch. Weismayer, Wien
Druck: REMA*print*, Wien
ISBN 3 85449 033 X

Umschlag von Thomas Kussin unter Verwendung der Collage „Zünder Turm" von Oswald Oberhuber
Bereitstellung der Vorlage und Erteilung der Abdruckgenehmigung für die Collage „Zünder Turm" (1965) durch die Sammlung Schmutz/Wien
Frontispiz: Zeichnung zur Collage „Zünder Turm" (1988) von Oswald Oberhuber, mit freundlicher Genehmigung des Künstlers

Erkennen heißt *sehen;* es heißt weder hoffen noch unternehmen.

E. M. Cioran

Inhalt

Nach der Utopie oder Man lache nicht über Fukuyama. Zur Einleitung	9
Mythologie als Mythisierung. Das neue Interesse am Immergleichen	21
„Ein herrlicher Sonnenaufgang" oder Die Tugend und der Terror	37
Die Ordnung der Liebe	60
Mediale Sittlichkeit oder Die neue Lust auf Tugend	68
Natur als Projekt. Warum es so schwierig ist, ein Grünes Programm zu schreiben	79
Politik in dürftiger Zeit. Kleine Nachbemerkung zur Großen Geschichte	91
Die Aufhebung des Todes oder Die Dialektik der Grenze	100
Jenseits der Landschaft. Das Naturschöne als Kunstprodukt	108
Sohn-Rethels Problem	127
In Zapparonis Garten oder Die Perfektion der Natur	135
Textnachweise	151

Nach der Utopie oder Man lache nicht über Fukuyama Zur Einleitung

Der große Zug der Zeit ist *Abfall.*
Theodor Fontane

I.

Die großen Entwürfe liegen hinter uns, das Spiel wird kleiner und die Spieler auch. Das Wort „Posthistoire" ist vielleicht nur eine Phrase, doch wenn es keine ist, sondern ein Begriff, dann meint der nicht das Leben nach der Geschichte, sondern das Ende der Tröstungen durch Geschichtsphilosophie; den Eintritt in ein nachhistorisches Zeitalter, dem Geschichte selbst kein politisches Projekt mehr ist. Bleibt die Natur, aber die bleibt auch nicht mehr.

Die großen Utopien sind alle am Ende, doch nicht Kriege haben sie verhindert oder Konterrevolutionen sie zerstört, sondern der Alltag hat sie zerfressen. Dabei geschieht plötzlich mehr denn je, Millionen kommen in Bewegung, aber es sind riesige Mengen, keine Massen mehr, und niemand weiß oder will auch nur wissen, wohin die Reise geht. *Das „Posthistoire" ist die Befreiung der Geschichte* — von dem Anspruch zu wissen, wie sie zu machen sei.

Was wirklich bleibt, ist das Geschäft. Das ist die Wahrheit bei Fukuyama, der im Überschwang des Sieges der Liberalen gleich die Geschichte selbst für beendet erklärt. Und er hat recht damit, nimmt man Geschichte nicht empirisch, sondern eben als Begriff: Denn was in der Philosophie sich „Dekonstruktivismus" nennt, heißt in der Ökonomie „Deregulation" — das ist nicht einfach der „Sieg des Kapitalismus", das ist der Verzicht auf jedes historische Sinnsystem. Der Alp aller toten Geschlechter, der nach Marx auf dem Gehirn der Lebenden lastet, wird heute abgeschüttelt, es war der Alptraum von der totalen Machbarkeit der Geschichte und von der Sinnfindung des einzelnen im Kollektiv. „Aufarbeitung der Vergangenheit", im Westen bloß Thema von Kongressen, geschieht im Osten auf der Straße. Der Weltgeist, selbst Produkt der Spekulation, investiert nicht mehr in Politbüros, sondern an Effektenbörsen, dem letzten Ort der Spekulation. Jetzt erst geht der große Nachkrieg zu Ende, und die neuen Fronten sind noch nicht klar. Natürlich werden sie sich bilden, vor allem zwischen Nord und Süd, und es wird auch Kriege geben, doch eher viele kleinere, nicht den einen, ganz großen, denn es herrscht eine tiefe Sehnsucht nach Normalität — zumindest im Norden, jenem Teil der Welt, den Fukuyama posthistorisch nennt.

Die Moderne war heroisch, doch die heroischen Zeiten sind zum Glück vorbei, das ist in der Politik nicht anders als in der Kultur, und es gilt für die Rechte, wie es für die Linke gilt. Das ist eine enorme Entlastung, aber auch ein Sieg der Banalität — nur wer würde heute noch mit Nietzsche sich mokieren über jene letzten Menschen, die das Glück gefunden haben und dabei blinzeln? Übermenschen sind sie lang genug gewesen, fast ein ganzes Jahrhundert hindurch, und es ist ihnen gar nicht gut bekommen. Jetzt sind sie müde und *wollen* das Posthistoire, das die Spätfolgen der Spekulation zu Grabe trägt, welche das 19. Jahrhundert hinterlassen hat.

Ironischerweise ist noch die Bestattung ein letzter Akt der Spekulation. Hegelianisch wird von Fukuyama die Hegelsche Geschichtsphilosophie begraben, doch nicht ohne Hilfe der Empirie. Seine kleine Theorie in Moll ist in nicht höherem Maße ideologische Begleitmusik zu einem realen geschichtlichen Geschehen, als seinerzeit die triumphierende Marschmusik Hegels es in Dur gewesen ist: Jene, die auf den Zusammenbruch des „realen Sozialismus" reagiert, hat ebensosehr die Wirklichkeit für sich, wie diese sie hatte, als sie der Französischen Revolution einen geschichtsbeschließenden Sinn verlieh — zumindest nach der Interpretation Kojèves, der Fukuyamas Abgesang an die Geschichte Text und Melodie entnimmt. Nur macht Fukuyama, einer der höchsten Berater im US-State Department, zum Gassenhauer, was bei Kojève, dem späteren Beamten der EG, noch große Oper war.[1]

Bei letzterem soll die Geschichte, als Geschichte der Höherentwicklung der fundamentalen Prinzipien gesellschaftlicher Organisation, im Prinzip im Jahre 1806 beendet gewesen sein, denn mit dem Sieg Napoleons bei Jena hätten die Ziele der Französischen Revolution die nationalen Grenzen gesprengt und als geschichtsmächtige Ideale sich verbreitet.

Zwar gab es, wie Kojève konzediert, „von Anfang an eine Hegelsche Linke und eine Hegelsche Rechte, das war aber auch *alles,* was es seit Hegel gegeben hat" — wobei „Hegelsche Linke" nur eine kapriziöse Terminologie für den messianischen Marxismus ist; denn er war die einzige ernstzunehmende und historisch folgenreiche Philosophie, die in Konsequenz des Hegelianismus ein fundamental höheres Prinzip der Freiheit als Telos der Geschichte versprach als den liberalen Verfassungsstaat:

„Sieht man von den Relikten der Vergangenheit ab, die Hegel gekannt und beschrieben hat (einschließlich des ‚Liberalismus') und die ihm folglich nicht als historische oder ‚dialektische' Widerlegung entgegengehalten werden können, dann stellt man fest, daß es streng genommen nichts außerhalb des Hegelianismus gegeben hat (bewußt oder nicht), und zwar weder auf der Ebene der geschichtlichen Wirklichkeit selbst noch auf der Ebene des Denkens und der Rede, was eine historische Auswirkung gehabt hätte. Daher kann man [...] nicht sagen, daß die Geschichte den *Hegelianismus* widerlegt habe. Man kann höchsten behaupten, daß sie sich noch nicht zwischen ihrer ‚linken' und ihrer ‚rechten' Interpretation der Hegelschen Philosophie entschieden habe [...]. Nach Hegel kann nun eine Diskussion nur durch die Wirklichkeit entschieden werden, das heißt durch die Verwirklichung einer der beiden einander bekämpfenden Thesen. Die verbalen Polemiken oder ‚Dialektiken' reflektieren nur die wirkliche Dialektik, die eine Dialektik des Handelns ist, das sich als Kampf und Arbeit manifestiert. Und in der Arbeit (‚Wirtschaftssystem'), in Revolutionen und Kriegen spielt sich seit bald 150 Jahren die Polemik zwischen ‚Hegelianern' ab [...]. Die Geschichte (wird) den Hegelianismus niemals widerlegen, sondern sich damit begnügen, zwischen ihren beiden entgegengesetzten Interpretationen zu wählen."[2]

Das schrieb Kojève 1946, als die beiden Wirklichkeit gewordenen Interpretationen einander schroff gegenüberstanden; regional beschränkt, negierten sie einander und beanspruchten je für sich globale Macht und Geltung. Manichäisch zugespitzt, war die Entscheidung noch offen, die Geschichte hatte noch nicht gewählt zwischen den konkurrierenden Lesarten ihres Textes. Jetzt, sagt Fukuyama, mit dem Zusammenbruch des realen Sozialismus, hat sie sich entschieden, und zwar für die rechte Variante ihrer Interpretation. Das liberale Prinzip hat gewonnen und ist *im* Prinzip *als* Prinzip universal geworden. Der Rest ist Ausformulierung, Differenzierung und Verbreitung, wenn es sein muß, mit Gewalt, schlimmstenfalls Rückfall auf frühere Stufen des Sozialen, also auch nichts Neues. Die Kämpfe, die seit Beginn des 19. Jahrhunderts, bewußt oder nicht, Kämpfe um die richtige Auslegung eines Textes waren, sind zu Ende. Und damit die Geschichte als Geschichte der Entfaltung eines Prinzips, die im 19. Jahrhundert als sozialistische Utopie begann.

II.

Das 19. Jahrhundert, so hat man gesagt, drängt auf beiden Seiten über seine kalendarischen Grenzen hinaus: Es beginnt im Juli 1789 und endet im August 1914. Es hat auch qualitativ alle Grenzen gesprengt, wir sind im guten wie im schlechten seine Erben. Vorgedacht in den universalistischen und egalitären Prinzipien der Aufklärung, kommt es im Sturm auf ein Gefängnis zur Welt; es stirbt im Wahn der Nationalismen in den Schützengräben des Ersten Weltkriegs. Doch seine ideellen Kinder sind immer noch lebendig, die philosophischen Ideen von damals bestimmen das politische Geschehen bis heute.

Zorn und Hoffnung stehen an seinem Anfang; Haß und Verzweiflung an seinem Ende. In den Konvulsionen dieses Jahrhunderts wird die Moderne geboren und mit ihr eine Welt, die radikal anders ist als alle bisherigen Epochen der Geschichte.

Eine ungeheure Beschleunigung erfaßt das Leben der Menschen. Was von alters her in Geltung war, wird innerhalb weniger Jahrzehnte entwertet, was ehrwürdige Macht besaß, wird gestürzt, und das Neue, das an seine Stelle tritt, ist selbst wiederum binnen kürzester Zeit veraltet. Indem es sich von der Geschichte lossprengt, ist das 19. Jahrhundert das geschichtliche Jahrhundert par excellence. Und es ist das Jahrhundert der praktizierten Geschichts*philosophie.* Damals entstanden auch jene

Parteien, die nicht nur Politik, sondern *Geschichte* machen wollten. Die nicht nur die Regierungsform, sondern die Grundstrukturen der Gesellschaft ändern wollten: die Parteien der europäischen Arbeiterbewegung.

Politisch und gesellschaftlich bleibt in diesem Jahrhundert kein Stein auf dem anderen, noch nie hatte die Welt in so kurzer Zeit sich so radikal verändert: Drängt an seinem Beginn ein ökonomisch langsam erstarktes Bürgertum als dritte Kraft neben die alten Stände von Adel und Klerus politisch an die Macht, so findet an seinem Ende die historisch neue Klasse der Industriearbeiterschaft sich der Bourgeoisie gegenüber, die die Reste des zur Bedeutungslosigkeit geschrumpften Adels in sich aufgesogen hat; nur die Kirche hat wie immer überlebt und bleibt der Hort einer volkstümelnden Reaktion. Und während der Anteil der in der Landwirtschaft Tätigen zurückgeht, zeichnet sich am Horizont schon jenes Heer von Angestellten ab, das als politisch ambivalentes neues Kleinbürgertum das Gesicht des 20. Jahrhunderts entscheidend bestimmen wird.

Das 19. Jahrhundert ist die Zeit der Entfesselung des Kapitals, der imperialistischen Aufteilung und Verhäßlichung der Welt; der Industrialisierung der Produktion und der großen demographischen Verschiebungen; der Entstehung der großen Städte und des Ausbaues der Verkehrswege. Die Fabrik schafft die Masse als ökonomische Kategorie und auch als politische. Die Menschen werden mehr, und sie werden austauschbar, so wie die Dinge, die sie produzieren. Auf elementare Funktionen reduziert, nehmen sie selber Warencharakter an: Aller sogenannter „Bindungen“ ledig, bemißt sich ihr Wert allein nach dem Preis ihrer Arbeitskraft. Daraus wird in unserem Jahrhundert dann das „Menschenmaterial“.

Ein neuer Reichtum entsteht, der nicht mehr wie in früheren Zeiten überwiegend der Repräsentation, dem Luxus und Genuß einer unproduktiven leisure-class überantwortet wird, sondern, rekapitalisiert, die Spirale der Akkumulation vorantreibt; und mit dem bürgerlichen Reichtum entsteht das Massenelend, entsteht eine „Klasse der bürgerlichen Gesellschaft, welche keine Klasse der bürgerlichen Gesellschaft ist, ein Stand, welcher die Auflösung aller Stände ist, eine Sphäre, welche einen universellen Charakter durch ihre universellen Leiden besitzt [...]. Diese Auflösung der Gesellschaft als ein besonderer Stand ist das Proletariat" (Marx).

Armut und Elend hatte es immer gegeben. Sie waren immer schon die Folgen politischer Unterdrückung und sozialer Ausbeutung gewesen, darüber hinaus aber Ausdruck eines *allgemeinen* Mangels, der einem niedrigen Stand der Technologie geschuldet war. Diese hatte über Jahrtausende sich nur langsam entwickelt, die gesellschaftliche Arbeit rang der Natur nur ein geringes Mehrprodukt ab, und man hat mit Recht darauf hingewiesen, daß die Lebensbedingungen eines Bauern zu Ende des 18. Jahrhunderts sich nur wenig von denen unterschieden, die im Imperium Romanum geherrscht hatten. Die Industrialisierung aber hat die Produktivkraft der Arbeit vervielfacht, sie hat *potentiell* den Mangel abgeschafft. *Real* jedoch hat sie ihn anfangs vergrößert, indem sie der Gier nach Verwertung neue Möglichkeiten schuf.

Der Liberalismus des 19. Jahrhunderts, der der Natur absolut feindlich gegenübertritt, ist selbst nur die ökonomische Variante des bürgerlichen Naturkults, insofern er die Gesetze des Dschungels auf die Gesellschaft überträgt. Konnte man in vorindustriellen Zeiten die Armut als natürlich und gottgewollt rechtfertigen, ihr sogar eine verlogene metaphysische Weihe verleihen, so war das neue Elend offensichtlich rein gesellschaftlich verursacht, als ökonomisch produziertes wurde es auch als ökonomisch behebbar erkannt und erst dadurch zum politischen Skandal.

Früher hatte es schlechte Zeiten und gute Zeiten gegeben, schlechte Regierungen und weniger schlechte, wie es gute Ernten und schlechte Ernten gab; das Leben verlief im wesentlichen zyklisch, entsprechend den Rhythmen der agrarischen Produktion und der Genealogie der Herrschergestalten, unter deren Bedingungen und Diktat die Menschen lebten. Eine wesentliche Änderung war nicht vorstellbar, der Trost lag im Jenseits, nicht in der irdischen Welt.

Jetzt aber wurde der Zyklus aufgebrochen, das industrielle Kapital, das von nun an den Ton angab, hat die Geschichte linearisiert, den Horizont der ewigen Gegenwart aufgerissen und auf die *Zukunft* hin geöffnet. „Akkumuliert, akkumuliert, das ist Moses und die Propheten", so hat Marx die rastlose Bewegung des Kapitals paraphrasiert und damit höhnisch den wahren, weil einzig praktisch wirksamen „kategorischen Imperativ" der Bourgeoisie formuliert. „Fortschritt" wurde zur Parole der Epoche, ein Begriff, den frühere Zeiten nicht kannten und den noch Hegel mit sehr viel Vorsicht handhabte — für ihn war Geschichte vor allem „Fortschritt im *Bewußtsein der Freiheit";* und bei Marx findet der Begriff sich fast überhaupt nicht und wenn, dann in negativer (oder besser: negatorischer) Besetzung — denn er machte die Gegen- und Kostenrechnung des Fortschritts auf, der sein Maß hatte an den Eroberungen der Industrie. Gewiß verstanden verschiedene soziale Gruppen Verschiedenes darunter, aber im Kern ist der Begriff „Fortschritt" bürgerlich, die Arbeiterbewegung hat ihn geerbt und versucht, ihn mit anderen Inhalten zu füllen. Er reimt sich aber immer noch besser auf Technik als auf soziale Emanzipation. Hatte das frühe Proletariat noch in der Maschinerie selbst seinen Feind gesehen, so machten seine Theoretiker nunmehr die Eigentumsordnung verantwortlich und feierten bald den Fortschritt der Technik. Obwohl von diesem vor allem die Bourgeoisie profitierte, haben die politischen Organisationen der Arbeiterklasse auf die Industrialisierung ihre emanzipatorische Hoffnung gesetzt, also letztlich auf genau jenen Prozeß, dem die Klasse nicht nur unmittelbar ihre Leiden, sondern sogar als Klasse ihre erbärmliche Existenz verdankte. So wurde die Heilsgeschichte säkularisiert und das irdische Leiden geschichtlich gerechtfertigt — man hat den Trost vom Jenseits in die Zukunft verlegt.

Was aber bei Marx noch dialektisch konzipiert war, als Sprengung der bürgerlichen Gesellschaft in einem revolutionären Akt durch das mit der Industrialisierung geschaffene Proletariat, das fand bei der Sozialdemokratie nur in den Programmen statt. Marx, der Theoretiker der Basis, wurde für die Sozialdemokratie selbst zum ideologischen Überbau, mit dem sie ihren linken Rand integrierte. „Arbeit heißt der Heiland der neueren Zeit", hat der unvergeßliche Josef Dietzgen geschrieben und damit der Sozialdemokratie das Stichwort geliefert: das Stichwort vom Fortschritt durch Arbeit und Technik und durch industrielle Verschönerung der Welt, mit der sich der soziale Fortschritt fast wie von selbst ergeben sollte. Dieser platte Evolutionismus hatte, wohl ohne es zu ahnen, sein Modell an der Kapitalbewegung selber, die nicht nur ständische Schranken niederriß, sondern auch zunehmend größere Brocken abfallen ließ, weil sie den Massenkonsumenten für die Massenproduktion brauchte. Gerade deshalb war er realistisch — mit ihm zog wirklich die „Neue Zeit".

III.

Sozialismus aber als Ende der Vorgeschichte — das war ein Traum des 19. Jahrhunderts, der schönste Traum vielleicht, den die Menschheit jemals träumte und aus dem sie heute wie aus einem Alptraum erwacht. Das späte 20. Jahrhundert hat ihn ausgeträumt, man redet jetzt vom Ende der Geschichte. Doch am Ende ist nur die Utopie von ihrer Machbarkeit. Der totale Plan, mit dem die Gesellschaft sich selbst gestalten wollte, hat sich als technokratischer Mythos entpuppt, als politisches Gewand für die Idee der Vorsehung, unter der das Leben erstickte. Diese Idee war spezifisch *vormodern,* die Dynamik des Kapitals hat sie überholt. Niemand macht Geschichte, sie vollzieht sich noch immer als Naturprozeß. Man macht sogar immer weniger Politik. Der Fluchtpunkt der Aufklärung ist nicht die Emanzipation, sondern der Nihilismus: Einst war Religion Opium für das Volk, dann war es die Utopie; heute ist es das Heroin selber. Das ist die Wahrheit der Rede vom „Posthistoire": Sie designiert das Ende der Epoche der Geschichtsphilosophie und ihrer utopischen Verheißungen auf ein kollektives irdisches Glück.

Der Marxismus ist in einer Weise gescheitert, die paradox seine Grundannahme bestätigt: die von der Dominanz der Ökonomie über die Politik. Der heroische Versuch, das Verhältnis zu invertieren, endete im Desaster: im Desaster der Ökonomie *und* der Politik.

Und das ist die Wahrheit bei Fukuyama: Der bürgerlich-liberale Verfassungsstaat auf Basis einer kapitalistischen Ökonomie hat sich empirisch als historisch unüberholbar erwiesen, der mit ungeheurer Energie unternommene Versuch, daraus eine radikal neue, gerechtere und freiere Form der Vergesellschaftung zusammenzuzwingen, ist erbärmlich schief gegangen. Ein höheres Prinzip ist nicht in Sicht, zumindest keines, das in der Geschichte selber liegt, nicht einmal mehr als „real existierende Negation“; man mag wohl noch von ihm träumen, doch das bleibt „leeres Sehnen“ (Hegel), ohne Stütze in der Wirklichkeit. Die geschichtsmetaphysische Lehre, die Kojèves Epigone Fukuyama aus dem Zusammenbruch realer Sozialismen zieht, folgt invers genau der Geschichtsmetaphysik der Revolution und nimmt ihre eigene Dialektik beim Wort: Wenn diese die Geschichte beenden sollte, die bei Marx noch Vorgeschichte hieß, dann war sie eben schon beendet, als man den Versuch zu ihrer Vollendung unternahm. „Die Weltgeschichte ist das Weltgericht“ — das war seit Schiller das Credo aller Revolutionäre. Jetzt hat sie ihr Urteil gesprochen, man soll sich nicht beschweren. Es war, man hat es selber gesagt, sogar gesungen, das „letzte Gefecht“. Natürlich geht faktisch die Geschichte weiter, aber eben als quasi natürliche, nicht mehr als objektive Entfaltung eines Sinns.

Was bleibt, ist das Bemühen um Erhaltung formaler Demokratie und um die Entschärfung von Krisen; um die Verkürzung der Arbeitszeit und etwas weniger Inhumanität. Das ist nicht wenig. Die Hoffnung aber, daß Klassenherrschaft abgeschafft, daß die Geschichte in *Reichtum und Freiheit für alle* sich vollenden werde, die findet sich heute nicht einmal mehr in Programmen. Nur mehr von „Grundwerten“ ist dort die Rede, die man leicht in einem Katalog zusammenfassen kann. So wurde die Theorie durch die Moral ersetzt, und der eigentliche Grundwert ist der Mehrwert geblieben. Unter seinem Diktat stirbt langsam die Natur. Aber das berührt nicht viele Interessen, nur das Interesse vieler, und darauf kommt es nicht an — es sei denn, es gelingt, aus der partiellen Reparatur der Natur noch ein Geschäft zu machen, indem man renovierte Parzellen zu Marktpreisen verkauft. Die Nachfrage danach wächst. Denn es hat der Traum von Natur als Idylle für viele den Traum von der Geschichte ersetzt.

Diese Sehnsucht nach Natur als Idylle und nach sozialer Harmonie ist das ideelle Stammkapital der „Grünen“, den Erben der Konkursmasse der großen Utopie, das sie in Moral investieren. „Alternative“ sind sie keine, nur ein kleines Korrektiv; im übrigen Vorreiter neuer Märkte.

Die Erfahrungen des 20. Jahrhunderts haben bescheiden gemacht, vorsichtig und auch ängstlich. Sie haben den Menschen über sich selbst ernüchtert. Man ist der Zukunft müde geworden und der großen Verheißungen, im guten wie im bösen. Man richtet sich im Heute ein. Vielmehr: Man möchte es. Doch der Strudel des „Fortschritts“, den mehr denn je das Kapital bestimmt, reißt den Boden unter den Füßen fort. Die Entwicklungen der Technik und das Wachstum der Ökonomie haben das Leben zwar um ungeahnte Möglichkeiten bereichert, doch sie haben es auch in bisher noch nie dagewesenem Ausmaß verstümmelt und zerstört. Die großen Erfindungen des 20. Jahrhunderts sind die Vernichtungslager und die Bombe. Aber der genetisch verbesserte Mensch steht ja schon vor der Tür. Erfahrungen solcher Art erlauben keine Blütenträume mehr, nur mehr einen mühsamen Kampf um kleine Verbesserungen und Korrekturen; Negationen von Negationen ohne großes positives Ziel, dienen sie meist nur der Vermeidung von Katastrophen oder ihrer Verzögerung. Durch keine Utopie mehr motiviert, gibt es für sie, wie der Antihegelianer Foucault schon vor mehr als zehn Jahren geschrieben hat, „im Verhältnis zur Macht nicht den einen Ort der großen Weigerung — die Seele der Revolute, den Brennpunkt aller Rebellionen, das reine Gesetz des Revolutionärs. Sondern es gibt einzelne Widerstände: mögliche, notwendige, unwahrscheinliche, spontane, wilde, einsame, abgestimmte, kriecherische, gewalttätige, unversöhnliche, kompromißbereite, interessierte oder opferbereite Widerstände, die nur im strategischen Feld der Machtbeziehungen existieren können [...] große radikale Brüche, massive Zweiteilungen? So was kommt vor.“[3]

Dieser skeptische Lakonismus sieht keinen „Sinn“ mehr in der Geschichte, er weiß, daß ihre Mächtigkeit jeden Entwurf übersteigt und daß selbst große Brüche zu nichts anderem führen als zu einer neuen Form der Verstrickung. *Freiheit gibt es nur im Augenblick, nicht als stabilisierbaren Zustand.* Daher ist das einzige, was Sinn macht, die Sabotage des Sinns, nicht seine progressive Verwirklichung. Die ist schon genug gediehen und verantwortlich für die Katastrophen, die hinter uns liegen, wie für jene, die drohen.

Die Säkularisierung hat es weit gebracht: Die Apokalypse, vor ein paar Jahrzehnten noch Thema verschlafener theologischer Seminare, ist heute ein Problem der Tagespolitik. Bei dem Wort „Zukunft“ bekommen die Menschen Angst. Diese Melancholie einer sterbenden Moderne hat die Kunst der Moderne schon zum Ausdruck gebracht, als man in der Politik noch große Phrasen drosch: „Die Motive des Jahrhunderts der Eroberung der Welt durch den Menschen und die Maschine“, schreibt André Malraux in ‚Die Stimmen der Stille‘, „sind eine Schale mit Äpfeln und ein Harlekin [...]“

Und deshalb lache man nicht über Fukuyama, der als letzter, und noch als ihr Leichenbeschauer, einen spekulativen Begriff von Geschichte vertritt. Denn eine solche Sicht der Dinge ist nicht die schlechteste Voraussetzung dafür, daß sie sich vielleicht wieder einmal zu regen beginnt — tappend nach einem nie erreichbaren, ewig gleich fernen Horizont, einem U-topia im ursprünglichen Sinn des Wortes. Allem empirischen Geschehen transzendent, liegt es jenseits der realen Geschichte; es ist ein metaphysischer Ort, von dem ein trügerisches Licht ausgeht, das die Geschichte beleuchtet und belebt. Ihn hat in Wahrheit Kojève gemeint, als er vom Ende der Geschichte sprach, und den Fukuyama mit einem Ort *in* ihr verwechselt: „Die Geschichte wird also zu Ende sein, wenn der Mensch voll befriedigt ist durch die Tatsache, daß er ein Bürger ist, der von einem *homogenen Weltstaat* oder, wenn man so will, von einer die ganze Menschheit umfassenden klassenlosen Gesellschaft anerkannt wird.“[4]

1988/1990

Anmerkungen

1 Francis Fukuyama: The End of History?, in: The National Interest No. 16, Baltimore, USA, Sommer 1989.

2 Alexander Kojève: Hegel, Kommentar zur Phänomenologie des Geistes, Frankfurt/M. 1975, S. 197 ff.

3 Michel Foucault: Sexualität und Wahrheit, Bd. 1, Frankfurt/M. 1977, S. 117.

4 Kojève, S. 288.

Mythologie als Mythisierung
Das neue Interesse am Immergleichen

I.

„Ich bitte Dich bei Allah, o Schwester, erzähle uns eine Geschichte, durch die wir uns die wachen Stunden dieser Nacht verkürzen können" — so sprach Dinazâd zu ihrer älteren Schwester Scheherezâd bei Anbruch der Nacht, die deren letzte zu werden drohte. Scheherezâd erwiderte: „Mit größter Freude, wenn der vieledle König es mir erlaubt!" Wie der König, der auch schlaflos war, solche Worte vernahm, freute er sich der Aussicht, eine Geschichte zu hören, und gab ihr die Erlaubnis. So begann Scheherezâd in der ersten Nacht „Die Erzählung von dem Kaufmann und dem Dämon".

Doch als die Story am spannendsten war, bemerkte Scheherezâd, daß der Morgen graute und sie hielt in der verstatteten Rede an. Ihre Schwester aber sprach: „Wie schön ist Deine Erzählung und wie entzückend und wie lieblich und wie berükkend." Und Scheherezâd erwiderte ihr: „Was ist das alles gegen das, was ich euch in der nächsten Nacht erzählen könnte, wenn der König mein Leben zu schonen geruht!" Da sprach der König zu sich selber: „Bei Allah, ich will sie nicht töten lassen, bis ich den Rest ihrer Geschichte höre."

Und als die zweite Nacht anbrach, sagte Dinazâd zu ihrer Schwester Scheherezâd: „Liebe Schwester, erzähle uns doch deine Geschichte von dem Kaufmann und dem Dämon zu Ende"; und diese erwiderte: „Mit größter Freude, wenn der König es mir erlaubt." Der König sprach: „Erzähle nur!" und Scheherezâd erzählte und erzählte und erzählte ...

Sie erzählte noch tausend Nächte lang und an jedem Morgen unterbrach sie ihre Rede, um sie am kommenden Abend von neuem zu beginnen. So zögerte sie ihre Hinrichtung immer wieder hinaus. Und als alle Märchen und Parabeln, alle Abenteuer und Schwänke, alle Gleichnisse, Rätsel und Mysterien des Orients, welche die kluge Tochter des Wesirs gesammelt hatte, vor dem König ausgebreitet waren, da hatte sie von ihm drei Kinder und war, ohne daß sie es wußte, lange schon freigesprochen worden, ehe diese Kinder geboren waren. Die humanisierende Macht ihrer Rede hatte den Fluch gebrochen, der auf ihr und ihrem Geschlechte lag. So lebten sie fortan mit dem Volke des Reichs in Glück und Seligkeit, in Freuden und Fröhlichkeit, bis Der zu ihnen kam, der die Freuden schweigen heißt und die Freundesbande zerreißt.*

Der Textkorpus von ‚1001 Nacht' ist kein Mythos — er ist eine Sammlung von Märchen und er ist selber ein Märchen; aber er hat doch einiges mit Mythen zu tun — zunächst in dem trivialen Sinn, daß er sie aufnimmt als Stoff für die Erzählung. Doch allein indem er sie zum ästhetischen Material transformiert, tritt er in reflexive Distanz zu ihnen und lockert so ihren Anspruch auf Wahrheit. Vor allem aber hat die Rahmenhandlung selbst eine genau inverse mythologische Struktur. Denn der Nexus von Schuld und Sühne, der in der mythischen Genealogie die Generationen schicksalhaft aneinanderkettet und sie festhält im Banne eines Ursprungsakts, der sich als Verhängnis forterbt von Generation zu Generation — die christliche Erbsünde ist so ein Mythologem — der wird von Scheherezâd ja gerade gelöst. Am Anfang steht der Fluch über ihr Geschlecht, weil eine einzige Frau einmal gesündigt, d.h. die Macht verraten hat. Aber das mythische Denken kennt die Individualität noch nicht und daher trifft die Rache des Königs nicht nur seine untreue Gattin, sondern alle Frauen, die er in der Folge nimmt. Sie müssen sterben, nachdem er sie genossen hat. Doch Scheherezâd gelingt es, den Bann selber zu bannen, indem sie den, der sie bedroht, in den Bann ihrer Rede schlägt. Sie war ein Nichts, als sie zu erzählen begann, mit einem Fuß schon im Grab, und am Ende steht sie da als anerkanntes Subjekt. Und mit sich selbst hat sie auch ihr Geschlecht befreit, von dem Fluch, der auf ihm lag. Anders als in Hegels Herr/Knecht-Modell vollzieht die Dialektik der Anerkennung in den 1001 Nächten sich nicht über die Fron der Arbeit, sondern über den Suspens einer prächtigen Geschichte — der Diskursethiker Habermas müßte wie

* Nach der Calcuttaer Ausgabe der Erzählungen aus den tausendundein Nächten von 1830 (Frankfurt/M. 1953).

der Wesir, der Vater der Braut, der ja auch vom Reden lebt, seine Freude daran haben.

Ohne im geringsten szientistisch, rationalistisch, empiristisch oder auch nur realistisch zu sein, ist die Geschichte doch antimythologisch und aufklärerisch auch deshalb, weil sie keinen metaphysischen Trost gewährt — obwohl sie voll ist von Geistern und Dämonen und Zauberern, ist sie doch von einer heiteren Diesseitigkeit und einer mehr als epikureischen Lust. Sie spielt ironisch mit den Gewalten und befreit sich von ihnen durch List, ohne sie als solche zu zerstören. Sie betreibt *Aufklärung ohne Entzauberung* und liegt damit quer zur Bahn okzidentaler Rationalität, wie sie wohl am verbindlichsten Max Weber beschrieben hat. So unterläuft sie *als Literatur* die Dichotomie von Logos und Mythos, deren verschränkte Dialektik die Geschichte abendländischer Philosophie bestimmt.

Aufklärung also ohne Entzauberung, aber auch: *List ohne Introjektion des Opfers,* d.h. nicht jener Urform negativer Dialektik folgend, die Horkheimer und Adorno an der odysseischen List nachgewiesen haben, an jenen gerissenen Tricks also, mit denen der „Verschlagene", der erste prominente Heimkehrer aus einem Ostfeldzug, sich bei Homer den mythischem Gefahren entringt. Deren Logik galt ihnen bekanntlich als Modell für die gesamte Geschichte abendländischer, naturbeherrschender Rationalität. Denn schon Homer erzählt mit den Mythen zugleich die Überwindung des Mytho-Logos, betreibt also Mythologie schon im doppelten Sinn; doch erzählt er sie so, daß sein Protagonist die Natur nur überwindet, indem er die eigene unterdrückt; daß das Subjekt sich bildet nur um den Preis seiner eigenen Verdinglichung. Aufklärung verfängt sich in der Schlinge ihrer eigenen List. Am Ende hat Odysseus gar nichts erreicht, er hat nur überlebt und muß mit dem Wiederaufbau seines zerrütteten Haushalts beginnen. Wahrscheinlich fragt er sich selber, ob sich die Reise gelohnt hat und er nicht besser doch bei Circe geblieben wär. Deren mythischem Zauber hat er sich entzogen und an den Sirenen ist er vorbeigefahren, aber nur, um in der Banalität seiner Ehe zu landen, jenem Urbild des Immergleichen, wie nur je ein Mythos es war.

II.

„Schon der Mythos ist Aufklärung und: Aufklärung schlägt in Mythologie zurück." — Dieser zentralen These der ‚Dialektik der Aufklärung' liegt die Erfahrung des Faschismus zugrunde, der die äußerste Rationalität der Mittel mit der Remythisierung der Geschichte verband. Doch geht die These weiter als die Behauptung einer bloß äußerlichen Addition, so als dränge die Sinnstiftung des Mythos bloß in die Leerstellen der Aufklärung ein. Das ist gewiß ein wichtiger Punkt und die Nazis haben sich dieser Tendenz durchaus manipulativ bemächtigt. Doch ist die ‚Dialektik der Aufklärung' keine politologische Faschismustheorie, sie geht als Geschichtsphilosophie über die spezifische historische Erfahrung, die sie verarbeitet, hinaus. Deshalb haben ihre Autoren sie auch nicht bloß als Zeitdiagnose verstanden und ihre Lehren weiter verfolgt, auch als die Nazis militärisch geschlagen waren, die Neomythen zu Stammtischreden zerfielen und wieder ein fortschrittsfroher Positivismus die Szene beherrschte, der der Kapitalakkumulation die ideologische Begleitmusik spielte. Denn in ihm sahen sie die Aufklärung in schlechtem Sinn vollendet, die totale Objektivierung innerer und äußerer Natur schlägt in mythischen Determinismus um: Das verallgemeinerte Naturgesetz ist die szientistische Gestalt des Fatums.

„Schon der Mythos ist Aufklärung": Denn schon der „Mythos wollte berichten, nennen, den Ursprung sagen: damit aber darstellen, festhalten, erklären. Mit der Aufzeichnung und Sammlung der Mythen hat sich das verstärkt. Sie wurden früh aus dem Bericht zur Lehre. Jedes Ritual schließt eine Vorstellung des Geschehens wie des bestimmten Prozesses ein, der durch Zauber beeinflußt werden soll." So schafft schon der Mythos eine manipulative Distanz zur Welt und enthält damit ein Potential von Freiheit.

„Aufklärung schlägt in Mythologie zurück": Denn „der Aufklärung wird zum Schein, was in Zahlen, zuletzt in der Eins, nicht aufgeht; der moderne Positivismus verweist es in die Dichtung. Einheit bleibt die Losung von Parmenides bis Russel [...]. Die mythologisierende Gleichsetzung der Ideen mit den Zahlen in Platons letzten Schriften spricht die Sehnsucht aller

Entmythologisierung aus: die Zahl wurde zum Kanon der Aufklärung."

Der mythische Bann säkularisiert sich zur mathesis universalis, ohne sich als Bann zu lösen. Die Aufklärung, welche die Götter entthronte, die Welt von heteronomem „Sinn" entleerte und damit Luft zum Atmen schuf, hat auch die Qualitäten zerstört, welche das Leben erst lohnten.

So geht „der Mythos [...] in die Aufklärung über und die Natur in bloße Objektivität. Die Menschen bezahlen die Vermehrung ihrer Macht mit der Entfremdung von dem, worüber sie die Macht ausüben. Die Aufklärung verhält sich zu den Dingen wie der Diktator zu den Menschen. Er kennt sie, insofern er sie manipulieren kann. Der Mann der Wissenschaft kennt die Dinge, insofern er sie machen kann. Dadurch wird ihr An sich Für ihn. In der Verwandlung enthüllt sich das Wesen der Dinge immer als je schon dasselbe, als Substrat von Herrschaft. Diese Identität konstituiert die Einheit der Natur", heißt es in der ‚Dialektik der Aufklärung', und die Autoren beschließen die Passage mit einem Befund, der die ideologische Entwicklung rückbindet an den ökonomischen Prozeß: „Mit der Ausbreitung der bürgerlichen Warenwirtschaft wird der dunkle Horizont des Mythos von der Sonne der kalkulierenden Vernunft aufgehellt, unter deren eisigen Strahlen die Saat der neuen Barbarei heranreift." Und dann der entscheidende Satz als Siegel: „Die Ratio, welche die Mimesis verdrängt, ist nicht bloß deren Gegenteil. Sie ist selber Mimesis: die ans Tote."

Wie zur Bestätigung dieser These hat der Berliner Religionsphilosoph Klaus Heinrich in bewunderungswürdigen Analysen gezeigt, daß die deduktive Schlußform des Syllogismus selbst auf einer ursprungsmythischen Grundlage beruht: Das System der deduktiven Logik ist die rationalisierte Form der Genealogie. Denn wie in dieser sich die Macht der Ursprünge durch die Kette der genera,der Geschlechter, hindurch erhält, so beruht die Schlüssigkeit des deduktiven Schlusses auf der Rückführung des Einzelnen durch das Besondere auf das Allgemeine. An dieses ist es gekettet und kommt als Einzelnes nicht frei. Bezeichnenderweise nennen wir so einen Schluß „zwingend", wodurch die Doppeldeutigkeit der Herleitung vom Ursprung sichtbar wird: ihre das Individuum erhaltende und dessen Individualität zugleich unterdrückende Qualität. „Selbstverständlich ist die griechische, ist die aristotelische Logik, wie jede Logik, ein entdämonisierendes Unternehmen. Aber der Kern dieser Logik ist die Genealogie, das heißt: sie ruht auf einer ursprungsmythischen Grundlage“ (Klaus Heinrich). Hat sie auch den Zauber des Mythos vertrieben, so verbleibt sie doch in seinem Bann. In der Suche nach den obersten Axiomen reproduziert sich — säkularisiert — in der strengen Wissenschaft der Schuldzusammenhang der Genealogie. Sie spielen gleichsam die Rolle olympischer Götter, deren Vielfalt zugleich den Geist unbefriedigt läßt. Letztlich sucht dieser nach dem einen, alles beherrschenden Prinzip, aus dem die Welt sich herleiten soll. Auch in seiner logifizierten Form drängt der Polytheismus der Axiome auf seine eigene Überwindung, auf den Monotheismus der Weltformel hin: Sie wäre die Logosgeburt par excellence. So hat sich die Gottsuche heute mathematisiert und maschinisiert, und der theoretische Physiker trifft sich mit dem Priester.

Daß in der modernen Kosmologie die Theorie vom Urknall an die Stelle alter Schöpfungsmythen tritt, ist auch ästhetisch plausibel in einer Welt, aus der jeder Animismus vertrieben, die stattdessen von Explosionen beherrscht und von einer alles erhellenden letzten bedroht ist.

Ist also der Weg vom Mythos zum Logos auch nur ein Mythos, den sich der Logos selber erzählt?

Das zeitgeistige Bewußtsein heute scheint diese Frage umstandslos zu bejahen und es läßt sich dabei von der ‚Dialektik der Aufklärung‘ selbst die Stichworte geben. Doch bricht es dabei gerade deren Dialektik ab, die bestimmte Kritik schlägt um in allgemeine und mündet in abstrakte Negation. Die Selbstverleugnung der Vernunft ist heute nirgends so verbreitet wie unter Intellektuellen, die für ihre Vernunft bezahlt werden. Wer up to date ist, der weiß, daß alles Elend dieser Welt sich dem „Logozentrismus“ verdankt, aber er weiß nur mehr selten, daß er das Wort selbst Ludwig Klages verdankt und nicht Jacques Derrida, auf den er sich gerne beruft. Man spielt dagegen eine viszerale Logik aus, eine Logik des Bauches, und möchte sich wieder verankern in mythischem Sinn. Die Diagnose, daß der Logos selbst am Mythos krankt, schlägt um in Liebe zur Krankheit: Es herrscht ein *Wille zum Mythos*. Das reicht vom „Mythos Mitteleuropa" bis in gewisse Niederungen feministischer Theorie, die genau jedes Denken in „Heniden" als genuin weiblich propagieren, das der Rassist Weininger den Frauen als defizientes zugeschrieben hat. So mythelt es heute allenthalben, und auch die Kirche macht ihren Schnitt dabei. Kein Anspruchsniveau wird dabei vergessen: Von der nationalen Identitätsstifterei in den Ursprungsmythen des Volkes über eine zweite Christianisierungswelle Europas bis zu den Importen von Billigsinn aus Ostasien wird der Ideenmarkt mit Mythen überschwemmt. Auch eine ranzig gewordene Linke ist davor nicht gefeit: Seit ihr der große historische Sinn abhanden gekommen ist, fangen Teile von ihr an, den Widerspruch zum schlechten Neuen im noch schlechteren Alten zu suchen. Seit Cuba und China nicht mehr zur Fernidentifikation taugen, nimmt die Mythentouristik auf Kreta zu. Was die Mythen erzählen, ist schon gar nicht mehr wichtig, Hauptsache ist, daß über ihnen das Denken verdampft. Was man vor kurzem noch Legende oder Ideologie genannt hätte, das heißt heute Mythos, wird allein dadurch mit Weihrauch parfümiert und kommt in den Geruch von Würde. Das Wort ist so inflationär geworden, daß es das Bezeichnete schon wieder entwertet, sein Gebrauch ironisch fast schon wieder aufklärerisch wirkt. Für das liberal-pluralistische juste milieu unserer Gegenwart hat die Gewalt des Mythos, die auf europäischem Boden in der ersten Hälfte unseres Jahrhunderts noch einmal blutig exekutiert wurde, ihren Schrecken verloren und er wird zum unverbindlichen Partygespräch einer blödelnden Subkultur. Aber das heißt nicht, daß er als Mytho-techne nicht wiederkommen kann, wenn sich politisch Interessierte seiner bedienen, wie schon einmal vor kurzem, als man in ihm die „Heimat" beschwor. Die mythische Welt aber ist nicht die Heimat, sondern jenes Labyrinth, aus dem schon der Mensch des Mythos entkommen wollte. Seine ersten Schritte waren der Beginn der Aufklärung, die man heute selbst als totalitär diffamiert. Die frühe Mythologie war der Weg aus dem Mythos, die heutige führt in ihn zurück. Das New Age, das sie versprechen, ist in Wahrheit das ganz alte.

Gewiß, auch Horkheimer und Adorno haben geschrieben: „Aufklärung ist so totalitär wie nur irgendein System“, doch was bei ihnen noch polemischen, also selbst aufklärerischen Charakter hatte, das kippt nunmehr in eine positive Lehre des negativen Zustands, den man befriedigt zur Kenntnis nimmt. Ihre Verzweiflung über die Wiederkehr des Mythos in einer technokratisch und positivistisch verkürzten Aufklärung schlägt heute um in dessen Feier und in Negation von Aufklärung überhaupt. Vergessen oder verdrängt wird jener zweite Satz, der in der kaum gelesenen ‚Negativen Dialektik‘ sich findet, der den ersten dialektisch ergänzte und ihn in seiner Dogmatik aufhob, nämlich: „Selbstkritik der Aufklärung ist nicht deren Widerruf“ — das gesamte Werk der Kritischen Theorie ist der Einlösung dieses Postulats verpflichtet.

III.

Aber — so muß man jetzt doch wohl auch fragen — ist die Selbstkritik der Aufklärung nicht in Wahrheit möglich nur als historischer Prozeß, und läuft dieser nicht, als realer und als philosophischer, spätestens seit Nietzsche auf die *Selbstzerstörung* der Aufklärung hinaus? (Wie es etwa Georg Lukács behauptet hat, wobei er aber für sich selbst einen Standpunkt außerhalb des Prozesses fingierte, man weiß bei einem ehemaligen Hegelianer nicht, mit welchem Recht.) Und hat nicht andererseits gerade die ernsthafte, wissenschaftliche Mythenforschung den Mythos auch *epistemisch* aufgewertet? Bezieht das zeitgenössische, antiaufklärerische Bewußtsein nicht gerade daraus seine Legitimität? Kann es sich nicht ironisch auf die Erfolge der Aufklärung selbst berufen?

Behauptet nämlich einerseits — wie oben gezeigt — die philosophische Selbstreflexion der Ratio deren unausweichliche Verschlungenheit mit mythologischen Mustern und Motiven, die sie, ihrer Inhalte beraubt, strukturell reproduziert, so hat andererseits die moderne Mythenforschung den Mythos zumindest insofern rehabilitiert, als sie ihn aus seiner inferioren Stellung, den ihm eine positivistisch verdünnte Aufklärung zugewiesen hatte, befreite. Nicht länger scheint es heute mehr möglich, in ihm bloß den Ausdruck eines primitiven Bewußtseins zu sehen, das durch Unwissenheit, Aberglaube und Irrationalität beherrscht ist, deren chthonische Nebel unter dem Licht der Vernunft sich lösen. Gerade die wissenschaftliche Frage nach der vorläufigen, funktionalen, relativen, symbolischen, allegorischen oder strukturalen Wahrheit des Mythos hat sich als questio juris auf die wissenschaftliche Erkenntnis selbst zurückgespiegelt, die zeitlose Gültigkeit formaler Logik und ihren Pleonexieanspruch in Frage gestellt und damit das fortschrittsoptimistische Erkenntnismonopol sogenannter „wissenschaftlicher Weltanschauungen" unterminiert. Das zeigt sich schon bei G. B. Vico, dem ersten Geschichtsphilosophen der Neuzeit und Gegenspieler Descartes. Und hatte in unserem Jahrhundert in dessen — Descartes — Tradition der Transzendentalismus Cassirers der mythischen Weltsicht immerhin schon eine Art Wahrheit auf niedrigem Niveau zuerkannt, die, freilich ohne es selbst zu wissen, in den Kantischen Kategorien und Anschauungsformen sich bewegte, so erhebt die strukturale Deutung des Mythos dessen Logik selbst zum quasi-transzendentalen System. Denn der Strukturalismus Lévi-Strauss' sieht im Mythos ein Zeichensystem analog der natürlichen Sprache, das es erlaubt, innerhalb seiner selbst die Phänomene der Wirklichkeit rational zu ordnen. Die Mytheme sind gleichsam logische Operatoren, durch deren Verknüpfung diese Ordnung sich herstellt, nicht anders als die Gesetze moderner Physik, die vor jenen ontologisch nicht ausgezeichnet seien. Vielmehr läge ihnen eine andere Ontologie zugrunde, sodaß sich eine relative epistemische Bewertung verbiete. Die Rede von Wahrheit und Fortschritt löst sich damit in nichts auf, so etwa wie Wirklichkeit verschwindet hinter dem Spiel der Interpretationen, die immer wieder nur Interpretationen interpretieren. Der Strukturalist kann bloß deren Codes übersetzen und über das Studium der Transformationsregeln ihrer Grammatik kommt er zur Annahme eines „Denkens vor dem Denken", das Wissenschaft und Mythos als formal gleichwertige Möglichkeiten der Weltinterpretation in sich birgt.

Unter dem formalistischen Blick des Strukturalismus verschwindet aber andererseits die *numinose* Seite des Mythos, welche die Deutung Eliades hervorkehrt — und affirmiert.

Denn für ihn ist in den Mythen eine uralte, heilige Erfahrung gespeichert, an welche die Wissenschaft nicht heranreicht und die auch uns Heutigen Halt und Trost zu gewähren vermag.

Peter Gorsen hat einmal in einem Essay über eine sich kritisch verstehende Ausstellung faschistischer Embleme den sehr schönen und auch in unserem Zusammenhang zentral wichtigen Satz geschrieben: „Die Grenze zwischen Aufarbeitung und Propaganda ist hauchdünn." An der Mythologie Eliades kann man sehen, wie leicht sie überschritten wird. Denn die Faszination durch die ursprungsmythische Geisteslage, welcher der große Gelehrte erliegt, verführt ihn zu einer romantisierenden Rückbindung an sie — bis hin zur kulturellen „Einordnung" und Verharmlosung der Angst vor dem Weltende in unserer eigenen Zivilisation als einer Wiedergeburt- und Initiationsangst: „Niemals ist das Weltende absolut, es ist immer gefolgt von der Schöpfung einer neuen, verjüngten Welt", heißt es in ‚Mythen, Träume und Mysterien'. Das ist als Trost gemeint für „einen bestimmten Kreis moderner Menschen, nämlich für die, welche wirklich allen religiösen Gefühls bar sind" (so in ‚Das Heilige und das Profane'). Zum Beispiel für mich, der ich nun „wirklich allen religiösen Gefühls bar" bin, ist das allerdings nur ein schwacher, um nicht zu sagen: verlogener Trost angesichts der thermonuklearen Arsenale.

So antipodisch die beiden hier beispielhaft genannten Mythendeutungen — die strukturale von Lévi-Strauss und die numinose von Mircea Eliade — sich zueinander verhalten, so haben sie doch in einem Punkt die gleiche Konsequenz: sie haben den Überlegenheitsanspruch wissenschaftlicher Rationalität in Frage gestellt und damit das Bewußtsein der Moderne an seiner empfindlichsten Stelle angesägt.

In jüngerer Zeit wurde das fortschrittsoptimistische Selbstverständnis sogenannter exakter Wissenschaft aber auch von innen her erodiert, und zwar durch die historiographische Wende der analytischen Wissenschaftstheorie selber, welche diese, die einmal dessen stärkste Stütze war, spätestens mit T. S. Kuhns ‚Structure of Scientific Revolutions' genommen hat. Seit dessen Begriff des „Paradigmas" bzw. des „Paradigmenwechsels" in aller Munde ist, ist es mit der Idee eines kumulativen Fortschritts des Geistes durch die Wissenschaft, welche diesen einer objektiven Wahrheit zumindest asymptotisch näherbringen soll, nicht mehr allzu weit her. Auch diese szientifische Schrumpfform des Hegelianismus, den der Positivismus unbewußt mit sich schleppte, hat heute ausgespielt.

Denn das Paradigma sogenannter „normal science" hat keine streng rationale Struktur, sondern ist ein Konglomerat aus Theoriepartikeln, Gesetzeshypothesen, Methoden, kanonischen Beispielen und Werthaltungen, die von den Mitgliedern einer scientific community geteilt und die durch deren Praxis zusammengehalten werden. Der Wechsel von einem Paradigma zu einem anderen folgt daher nicht einer rationalen Entscheidung, sondern gehorcht außerrationalen, externen Motiven. Paradigmen sind nach Kuhn in ihren fundamentalen Strukturen aufeinander nicht reduzierbar, sie sind inkompatibel und inkommensurabel — weshalb es auch sinnlos sei, beim Übergang vom einen zum anderen von „Fortschritt" zu reden. Das gilt selbst für hochformalisierte Disziplinen — man spricht dort von der semantischen Instabilität theoretischer Terme bei Paradigmenwechsel. Die formale Ähnlichkeit des Kuhnschen Paradigmas, gewonnen an der Geschichte der Naturwissenschaft, mit Michel Foucaults Begriff der „Episteme", das die „Archäologie der Humanwissenschaften" strukturiert, liegt auf der Hand: sie spielen beide für die Erkenntnis die Rolle einer „empirisch-transzendentalen Doppel", wie Foucault in ‚Die Ordnung der Dinge' sagt: Ihr Wechsel ist von Transformationen beherrscht, nicht von einer Logik des Fortschritts — nicht viel anders als die Strukturen der Mythen bei Lévi-Strauss.

Jahre später wird Lyotard im ‚Postmodernen Wissen' die Konsequenz daraus ziehen, indem er jede Theorie zur „Erzählung" erklärt und damit ihren Wahrheitsanspruch preisgibt. Vor allem meint er damit natürlich die „Große Erzählung" von der Emanzipation, also die Aufklärung selber und die Hegel-Marxsche Tradition.

IV.

Auf dieser Schädelstätte vermoderter Hoffnungen, welche die Aufklärung und die mit ihre verbündete Wissenschaft einmal genährt, und die sie in ihrem Fortgang selbst abgetötet haben, breitet heute als Unkraut die Neomythologie sich aus. Denn nicht alle haben den Witz von Paul Feyerabend, der darauf wie der Liebe Augustin sein „Anything goes" intoniert, sie *wollen* an etwas glauben, auch wenn es nichts mehr zu glauben gibt, und gerade der Zusammenbruch aller Systeme bietet ihnen das Motiv und die Chance dazu. Aus prekärer Autonomie suchen sie Halt an der Heteronomie.

Wenn nämlich der Logos selbst, wie schon das Wort sagt, auch nur eine Erzählung ist, warum dann nicht gleich zu solchen greifen, die in der Wüste der Relativismen einen sogenannten „Sinn" und einen „Halt" versprechen oder die zumindest *unter*-halten? Das charmanteste Plädoyer für so einen ironischen Zugang hat der Skeptiker Odo Marquard formuliert, als er vor ein paar Jahren das ‚Lob des Polytheismus' sang. Er selbst ist freilich spröde gegen jeden erschlichenen Sinn, und gerade deshalb ist sein Spiel frivol, wie er natürlich selber am besten weiß. „Narrare necesse est" — damit hat er schon recht; aber es muß ja nicht gleich ein Mythos sein, man kann sich auch anders unterhalten. Für Marquard ist der Mythos fungibel geworden, und gerade weil er selber kein Wort von ihm glaubt, empfiehlt er ihn als Sinntherapie für die anderen. Er ist der aufgeklärteste Gegenaufklärer, an dem sich die Aufklärung blamiert.

Blamiert sie sich wirklich? Zweifellos, Marquards Vorschlag für die Polymythie ist sympathisch, weil er ihn formuliert als Plädoyer für die Gewaltenteilung im Absoluten, als Polemik gegen jede Form von Monomythie. Aber ist das die einzige Alternative, sind die Menschen tatsächlich „mythenpflichtig", wie er schreibt, sodaß nur die Wahl bliebe zwischen einem Mythos oder vielen? Gewiß ist unsere Situation mythogen geworden, seitdem die Ratio an sich selber zweifelt, die Wissenschaft in ihrem Erkenntnisanspruch sich selbst relativiert, sie zu den eigentlichen Lebensproblemen nichts mehr zu sagen hat, sich aber gleichzeitig in Technologie und Kapital inkarniert, deren Fortschritte heute von vielen eher als Bedrohung erlebt werden denn als Bereicherung. Aber heißt das, daß Aufklärung totalitär geworden ist, wie Marquard in erstaunlicher Konvergenz mit Adorno schreibt? War nicht die *politische* Gewaltenteilung, die er als säkularisierte Polymythie begreift, in Wahrheit das Ergebnis der Aufklärung, die er als Monomythos denunziert? Marquard selbst ist ein Skeptiker und die Skepsis ist das Salz der Aufklärung, nicht irgendwelcher Poly- oder Monomythien. Denn auch der Polymythos ist ein dichtes Gefüge, und nicht liberal, wie Marquard meint. Wenn er aber die Historien und Romane die „aufgeklärten Polymythen der Moderne" nennt, so hebt er damit den Begriff des Mythos selber auf und depotenziert das Verpflichtende an ihm. Denn jene sind Fiktionen oder Erfahrungsberichte, als solche ohne bindende Kraft. Dieser aber ist die Bindung selber, an einen tradierten Sinn und an einen Ursprungsakt. „Erzählungen" sind sie beide, aber jene laden ein zur Reflexion, welche von diesem stillgelegt wird. Jeder Rekurs auf Mythologie, sofern er nicht kritisch, sondern handlungsleitend ist, ist heute verlogene Sinnstifterei. Jede Beschwörung des Mythos „in illo tempore" heißt hier und heute den kritischen Gedanken suspendieren, der, wenn überhaupt wo, in der Aufklärung beheimatet ist und nirgendwo sonst. Deshalb ist seine Revitalisierung heute auch nur mystisch möglich.

Freilich sind Mythizismus und Mystizismus nicht das gleiche — an Ort und Stelle und in seiner Zeit ist der Mythos als authentischer ein hochrationales System —, er ist sogar panlogistisch, wie Lévi-Strauss einmal schrieb: Gerade dadurch, daß er auf alles eine Antwort weiß und keine offenen Fragen kennt, unterscheidet er sich von so etwas wie Wissenschaft, die sich prinzipiell dem Zweifel offenhält. Nur die sogenannte „wissenschaftliche Weltanschauung" schlägt selbst in Mythos um, weil sie Hypothesen und Vermutungen zu einem universalen Bild, zu einem „Weltbild", zusammenschließt. Deshalb waren Positivismus und Mystizismus immer schon Geschwister, nicht erst in den 20er Jahren und heute wieder, sondern schon bei Comte.

Der Positivismus selbst hat die Aufklärung beschnitten und so sind die Neomythen, die ihn ergänzen, auch nur mystisch lebbar, weil sie, wie jener, einen Verzicht fordern auf den geschichtlich erreichten Stand der Rationalität.

Kein Mensch glaubt heute ernsthaft, daß jetzt der Winter kommt, weil Persephone in den Hades steigt. Deshalb ist jede Remythisierung auch zutiefst verlogen. Auch der Anhänger des New Age lebt in einer kopernikanischen Welt, und er weiß es.

Doch das Entscheidende an der Aufklärung ist nicht, daß sie den Glauben durch Wissen ersetzt, sondern daß sie beide der Reflexion unterwirft; ist nicht, daß sie alte Antworten durch neue ersetzt und sie empiristisch oder rationalistisch begründet, statt sich auf Überlieferung zu stützen, und sie geht auch nicht in Wissenschaft auf, mit der sie lange Zeit verbündet war und die sie heute selbst kritisiert. Das Entscheidende ist, daß sie Fragen offen hält und sich der Grenzen der Erkenntnis bewußt bleibt, ohne sie als Grenzen zu fixieren. Sie ist gerade nicht panlogistisch wie der Mythos es war, sondern führt ins Innerste des Denkens den Zweifel ein. Sie ist „Einübung in ungesicherte Diesseitigkeit" (K. Podak) Sie führt die *induktive Gesinnung* ein, und gerade nicht die deduktive. Die Welt als gigantisches analytisches Urteil, das einmal der Traum der Wissenschaft war und den vielleicht ein paar Kosmologen noch träumen: das ist gerade nicht das Telos der Aufklärung, sondern das ist das mythische Erbe im Szientismus.

Daher ist das Verhältnis von Mythos und Logos nicht symmetrisch, denn nur dieser kann jenen und sich selbst kritisieren, während jener die Reflexion unterbricht. Wer heute Mythos sagt, meint Verzicht auf die Autonomie des Subjekts.

Als an der Wende zum 19. Jahrhundert Hegel, Hölderlin und Schelling im später sogenannten ‚Ältesten Systemfragment des deutschen Idealismus' das Programm einer „Mythologie der Vernunft" entwarfen, da meinten sie noch etwas ganz anderes: sie meinten die gesteigerte *Selbstreflexion des Subjekts,* seine Befreiung aus mythischen Gewalten. Sie haben sich davon die Herstellung einer universalen Harmonie versprochen. Heute ist dieser Glaube, der kein Mythos war, sondern eine Hoffnung, zerbrochen. Die Aufklärung hat, und das ist wahr, eine Wüste hinterlassen. Schon 80 Jahre nach dem Manifest der jungen Revolutionäre läßt Nietzsche in ‚Die fröhliche Wissenschaft' den „tollen Menschen" fragen: „Wohin bewegen wir uns? Fort von allen Sonnen? Stürzen wir nicht fortwährend? Und rückwärts, seitwärts, vorwärts, nach allen Seiten? Gibt es noch ein Oben und ein Unten? Irren wir nicht wie durch ein unendliches Nichts? Haucht uns nicht der leere Raum an? Ist es nicht kälter geworden? Kommt nicht immerfort die Nacht und mehr Nacht? Müssen nicht Laternen am Vormittage angezündet werden?"

Und der „Wahrsager" im ‚Zarathustra' spricht: „Ich sah eine große Traurigkeit über die Menschen kommen. Die Besten wurden ihrer Werke müde. Eine Lehre erging, ein Glaube lief neben ihr: ‚alles ist leer, alles ist gleich, alles war!' Und von allen Hügeln klang es wieder: ‚alles ist leer, alles ist gleich, alles war!'"

Nietzsche wollte den Nihilismus, den er als Resultat der Aufklärung wie kein anderer diagnostizierte, durch eine Umwertung aller Werte besiegen. Andere suchten im Mythos ihr Heil und wollten an seinen Opferfeuern sich wärmen, indem sie zuerst die Bücher der Aufklärung und dann Menschen verbrannten. Beide wollten den Nihilismus überwinden.

Heute aber wissen wir, daß die Überwindungen allemal schlimmer sind als das Überwundene und wir fragen uns, ob nicht ein Zustand, in dem man sich an nichts mehr halten kann, der einzig menschenwürdige ist.

Um ihn auszuhalten, werden wir Geschichten brauchen, da hat Marquard schon recht. Aber wir brauchen sie nicht als Mythologien, sondern so, wie Scheherezâd sie erzählt: nicht als Sinnstifterei, sondern um uns selbst und die anderen etwas besser zu verstehen, um von Dingen und Leuten Distanz zu gewinnen, um uns Lust zu bereiten, um den Tod aufzuhalten und um uns bis dahin die Zeit zu vertreiben. Denn „wir haben die Kunst", sagt Nietzsche, „damit wir nicht an der Wahrheit zugrunde gehen".

Die erste europäische Übersetzung von ‚1001 Nacht' erschien 1704, herausgegeben in sechs Bänden von dem französischen Orientalisten Jean-Antoine Galland. Am Höhepunkt der rationalistischen Aufklärung hat sie die uralte Sehnsucht Europas nach dem Orient wieder belebt. Der Orient der 1001 Nächte aber ist kein geographischer Ort, sondern ein Ort der Phantasie. In ihm hat die okzidentale Rationalität seit je ihr eigenes Anderes geträumt. In der Ferne hat sie Freiheit, Reichtum und Lust imaginiert. Der Mythos bindet sie an den Ursprung, die Phantasie lockt sie von ihm weg. Wenn sie dieser Lockung folgte, ging sie oft in die Irre, aber nur so hat sie Neues entdeckt. Als vor nunmehr fast genau 500 Jahren ein paar Phantasten aufbrachen, um auf dem Seeweg den fernen Orient, das Land ihrer Träume, zu erreichen, was fanden sie da?

Sie fanden Amerika.

Und damit hat die Neuzeit begonnen.

Oktober 1988

„Ein herrlicher Sonnenaufgang“ oder Die Tugend und der Terror

I.

„Der griechischen Philosophie scheint zu begegnen, was einer guten Tragödie nicht begegnen darf, nämlich ein matter Schluß“ — dieser stolze Satz, mit dem der 22jährige Karl Marx seine Dissertation ‚Differenz der demokritischen und epikureischen Naturphilosophie‘ eröffnet,[1] könnte auch, folgt man geläufigen Interpretationen, auf die damalige Summa aller Philosophie seit den Griechen gemünzt werden, und er wurde auf sie gemünzt — auf die politische Philosophie G. W. F. Hegels.

Freilich nicht von Karl Marx, wohl aber von großen Teilen der liberalen und später der sozialdemokratischen Tradition.

Denn es ist das Spätwerk Hegels aus der Berliner Zeit, die Rechtsphilosophie von 1821 vor allem und dann die Vorlesungen über die Philosophie der Geschichte, welche Hegel in den Geruch des autoritären preußischen Staatsphilosophen gebracht haben.

Hatte es nämlich in dem gemeinsam mit Hölderlin und Schelling 1796 verfaßten sogenannten ‚Ältesten Systemprogramm des deutschen Idealismus‘ noch geheißen, „daß es keine Idee vom *Staat* gibt, weil der Staat etwas *Mechanisches* ist, sowenig als es eine Idee von einer *Maschine* gibt. Nur was Gegenstand der *Freiheit* ist, heißt *Idee.* Wir müssen also über den Staat hinaus! — Denn jeder Staat muß freie Menschen als mechanisches Räderwerk behandeln; und das soll er nicht; also soll er *aufhören*“,[2] so nennt Hegel in der ‚Rechtsphilosophie‘ den Staat „Wirklichkeit der sittlichen Idee“ (§ 257) und das „an und für sich Vernünftige“ (§ 258), in den ‚Vorlesungen über die Philosophie der Geschichte‘ sogar „die göttliche Idee, wie sie auf Erden vorhanden ist“.[3*] Also nach einem stürmischen Beginn ein ziemlich matter Schluß. Und da die Wahrheit einer Entwick-

* In den Polemiken gegen Hegels Staatsphilosophie wird allerdings meistens vergessen, daß Hegel nicht den empirisch vorfindlichen Staat, sondern die *Idee* des Staates verteidigt, als Hort der Sitt-

lung in ihrem Resultat liegt — allerdings, wie es in der Vorrede zur ,Phänomenologie' heißt, in diesem „zusammen mit seinem Werden"[5] — wurde mit einem selbst fragwürdigen Hegelianismus die gesamte politische Philosophie Hegels von ihrem scheinbar konservativen Ende her beurteilt.

Wie Joachim Ritter gezeigt hat, war über diese seit Rudolf Hayms ,Vorlesungen über Hegel und seine Zeit' von 1857 der Stab gebrochen.[6] Die beherrschende Macht, welche sie im deutschen Geistesleben, auch nach Hegels Tod, in Schulen zerfallen,

---

lichkeit gegenüber dem „System der Bedürfnisse" der bürgerlichen Ökonomie einerseits und gegen absolutistische Willkür andererseits. In der Hegelschen Staatsidee verwirklichen sich die Prinzipien des Citoyen und gerade nicht die des gentilhomme oder des Bourgeois — diesen werden durch ihn die Schranken ihrer Freiheit gesetzt, die Regeln ihres Handelns definiert. Es ist der *Verfassungsstaat*, den Hegel feiert, als Garant der universalistischen Prinzipien der Aufklärung, Bollwerk *rechtlicher* Gewalt gegen feudalistische Willkür ebenso wie gegen das „geistige Tierreich" des akkumulierenden Bürgertums. So heißt es im Zusatz zu § 258 der ,Rechtsphilosophie': „Der Staat an und für sich ist das sittliche Ganze, die Verwirklichung der Freiheit, und es ist absoluter Zweck der Vernunft, daß die Freiheit wirklich sei. [...] Bei der Idee des Staates muß man nicht besondere Staaten vor Augen haben, nicht besondere Institutionen, man muß vielmehr die Idee, diesen wirklichen Gott, für sich betrachten. Jeder Staat, man mag ihn auch nach den Grundsätzen, die man hat, für schlecht erklären, man mag diese oder jene Mangelhaftigkeit daran erkennen, hat immer, wenn er namentlich zu den ausgebildeten unserer Zeit gehört, die wesentlichen Elemente seiner Existenz in sich. Weil es aber leichter ist, Mängel aufzufinden, als das Affirmative zu begreifen, verfällt man leicht in den Fehler, über einzelne Seiten den inwendigen Organismus des Staates selbst zu vergessen. Der Staat ist kein Kunstwerk, er steht in der Welt, somit in der Sphäre der Willkür, des Zufalls und des Irrtums; übles Benehmen kann ihn nach vielen Seiten defigurieren. Aber der häßlichste Mensch, der Verbrecher, ein Kranker und Krüppel, ist immer noch ein lebender Mensch; das Affirmative, das Leben, besteht trotz des Mangels, und um dieses Affirmative ist es hier zu tun."[4]

bis herauf zur 48er-Revolution gespielt hatte, brach um die Mitte des Jahrhunderts abrupt zusammen.

Im Unterschied zu Schopenhauer und Nietzsche, die noch negativ auf sie bezogen waren, nahm der real existierende Positivismus in seinen verschiedenen Spielarten, der einer fortschrittsfreudigen Bourgeoisie die ideologische Begleitmusik spielte, sie nicht einmal mehr zur Kenntnis. Akademisch wurde sie marginalisiert und über die angebliche Rolle Hegels als reaktionärer Staatsphilosoph schreibt Carl Schmitt in ‚Der Begriff des Politischen‘: „Es ist eine Frage, wie lange der Geist Hegels wirklich in Berlin residiert hat. Jedenfalls hat es die seit 1840 in Preußen maßgebend werdende Richtung vorgezogen, sich eine ‚konservative‘ Staatsphilosophie, und zwar von Friedrich Julius Stahl liefern zu lassen, während Hegel über Karl Marx zu Lenin und nach Moskau wanderte. Dort bewährte seine dialektische Methode ihre konkrete Kraft in einem neuen konkreten Feindbild, dem des Klassenfeindes."[7] Aufgehoben und politisch lebendig blieb Hegels Philosophie also im wesentlichen nur bei ihren welthistorischen Gegenspielern und materialistischen Erben, bei Marx selbst, der 1860 in einem Brief sich gegen die „Unverschämtheit" wandte, „einen Kerl wie Hegel als Preuß abfertigen zu wollen"[8], und in unserem Jahrhundert bei der marxistischen Linksopposition, in Deutschland beim frühen Lukács, bei Bloch und im Umkreis des Frankfurter Instituts für Sozialforschung vor allem, in Frankreich im Gefolge der Vorlesungen und der Interpretationsarbeit A. Kojèves, die etwa auf Sartre und Merleau-Ponty von prägendem Einfluß waren.

Im liberalen juste milieu aber wirkt Hayms Urteil fort bis auf unsere Tage, auch wenn ihn selbst heute kein Mensch mehr liest. Erst in jüngerer Zeit wurde es aufgefrischt vom Lieblingsphilosophen der späten Sozialdemokratie und der reiferen Jugend, dem Stückwerkapologeten Karl Popper. In ‚The Open Society and its Enemies‘ (London 1945) resümiert der nachmalige Sir Charles alle Vorurteile, die ein Jahrhundert positivistisch kastrierter Aufklärung über Hegel angehäuft hat, und sein ‚Elend des Historizismus‘ (Tübingen 1965) nimmt schon jene These vorweg, die Lyotard 1979 in seiner kleinen Erzählung vom ‚postmodernen Wissen‘ publikumswirksam verkündet hat: die

These vom Ende der „Großen Erzählungen", also der Geschichtsphilosophie in der Hegel-Marxschen Tradition, der Theorien der Emanzipation, der Rekonstruktion von Geschichte als „Fortschritt im Bewußtsein der Freiheit".

Eine Gesellschaft, die der Geschichte müde geworden ist, sehnt sich zurück in die Ruhe verlorener erster Natur, wodurch sie zwar nichts von ihrer destruktiven Dynamik verliert, wohl aber das Bewußtsein von sich selbst als zweiter.

Alle Sorten von Vereinigungsphilosophie haben heute Konjunktur, und je zerrissener die Gesellschaft real ist, desto stärker wird ihr neo-ontologisches Bedürfnis; je mehr die Spekulation in der Ökonomie sich wieder durchsetzt, desto strenger wird sie verpönt im Überbau. Gedacht wird nur mehr in den Banken, in den Seminaren wird „gefühlt".

So ist Hegel heute, nach dem Niedergang auch der neomarxistischen Debatten Ende der 70er Jahre, in denen er, so als wäre er ein zeitlich invertierter Epigone von Marx, eine gewisse Rolle gespielt hat, heute wieder „ein toter Hund". Gefragt sind Philosophien der Pflege und der Bewahrung, der Selbstentlastung von Subjektivität, statt des Denkens des Seienden das „Eingedenken in das Sein", und in dem Maße, in dem die ökonomisch renovierte bürgerliche Gesellschaft an ihrer eigenen Zukunft zweifelt, verdrängt sie auch ihre revolutionäre Vergangenheit oder erklärt sie zu einem welthistorischen Irrtum.

Mit der Hausse von Ontologie und Naturphilosophie erleidet wie immer die Philosophie der Geschichte eine Baisse[9], und das trifft nicht nur Marx, den Theoretiker einer proletarischen, sondern vor allem auch Hegel, *den* Philosophen der großen bürgerlichen Revolution, also jenes Ereignisses, dessen Prinzipien auch noch unsere eigene geschichtliche Wirklichkeit bestimmen und das zum Paradigma der Revolution schlechthin geworden ist, zu ihrem Modell und ihrem Phantasma, einschließlich der von 1917.

Wenn ich Hegel den Philosophen der Revolution nenne, so meine ich natürlich nicht, daß er ihr Programmatiker oder auch nur ihr Parteigänger war, trotz des Gläschens Roten, das er bis an sein Lebensende an jedem 14. Juli getrunken haben soll.

Hegel ist auch nicht der Theoretiker der Revolution, sondern ihr *Interpret,* und in genau diesem Sinn ist Joachim Ritters kanonisch gewordene These zu verstehen, daß es „keine zweite Philosophie [gibt], die so sehr und bis in ihre innersten Antriebe hinein Philosophie der Revolution ist wie die Hegels“[10]. Denn „das Ereignis, um das sich bei Hegel alle Bestimmungen der Philosophie im Verhältnis zur Zeit, in Abwehr und Zugriff das Problem vorzeichnend, sammeln, ist die Französische Revolution“[11].

Aber wäre sie nur das und diese nur sie selber, in sich abgeschlossen und ruhend, hätten beide nicht unabgegoltene Potentiale, wären ihre Probleme nicht noch immer nicht erledigt, so könnte man sie getrost den Geistesgeschichtlern und Historiographen überlassen, als Kulturgut ihrer liebevollen Pflege. Aber die Probleme sind nicht erledigt, weder die realen, noch die der Theorie.

Es sind die Probleme dessen, was Habermas, mit einem allerdings fragwürdigen Anthropomorphismus, das „unvollendete Projekt der Moderne“ nennt. Jene Probleme, deren paradigmatischen Ausbruch mit der Französischen Revolution Hegel im Ton freudiger Verkündigung begrüßt, und deren Lösung ihn bis ans Ende seiner Tage beschäftigt hat. Es sind die Probleme der Herstellung politisch realisierten Selbstbewußtseins einer freien Subjektivität, die nur in der Entäußerung wirklich ist, aber gleichwohl in dieser sich nicht verliert, sondern in ihr sich wiedererkennt, und also in der Zerrissenheit zu Hause ist. Denn, sagt Hegel, „ein geflickter Strumpf ist besser als ein zerrissener, nicht so das Selbstbewußtsein“[12].

II.

In der ‚Phänomenologie des Geistes‘ hat Hegel gezeigt, wie das erscheinende Bewußtsein in langsamer Arbeit sich aus den substantiellen Gewalten herausgebildet und als Selbstbewußtsein einer freien Subjektivität ihnen als dem Objekt seines Urteilens gegenübergestellt hat. Mit der Aufklärung erreicht dieser Prozeß seinen Höhepunkt, mit der Französischen Revolution treten seine Resultate in die politische Realität.

Die gesellschaftliche Wirklichkeit wird nun zum Objekt gesetzgebender Vernunft, die ihre Regeln allein aus sich selber schöpft und mit allen Traditionen bricht. Die neue Welt, die mit der Revolution heraufkommt, kann ihre Legitimität nur noch aus sich selber ziehen, aus den universalistischen Prinzipien der Aufklärung und des Naturrechts. Wiewohl Resultat eines historischen Prozesses, ist sie selbst historisch unvermittelt. Schon die Zeitgenossen begreifen die Revolution, nach einem Worte Kants, als die Evolution des Naturrechts, also eines zwar geschichtlich gewordenen, gleichwohl aber außergeschichtlichen Prinzips, und obwohl Kant selbst sich an mehreren Stellen seines Werks massiv gegen die Revolution ausgesprochen hat,*

---

* „Alle Widersetzlichkeit gegen die oberste gesetzliche Macht, alle Aufwiegelung, um Unzufriedenheit der Untertanen tätlich werden zu lassen, aller Aufstand, der in Rebellion ausbricht", ist, so verkündet Kant in seiner Schrift ‚Über den Gemeinspruch', „das höchste und strafbarste Verbrechen im gemeinen Wesen [...]. Und dieses Verbot ist *unbedingt*"[13]. Revolution ist „jederzeit ungerecht"[14], denn „der Ursprung der obersten Gewalt ist für das Volk, das unter derselben steht, in praktischer Absicht *unerforschlich:* d.i. der Untertan *soll nicht* über diesen Ursprung [...] werktätig vernünfteln"[15]. „Denn, wollte der Untertan, der den letzten Ursprung nun ergrübelt hätte, sich jener jetzt herrschenden Autorität widersetzen, so würde er nach den Gesetzen derselben, d.i. mit allem Recht, bestraft, vertilgt oder (als vogelfrei, exlex) ausgestoßen werden." Er hat daher der jetzt bestehenden gesetzgebenden Gewalt zu gehorchen, „ihr Ursprung mag sein, welcher er wolle"[16]. „Wider das gesetzgebende Oberhaupt des Staats gibt es also keinen rechtmäßigen Widerstand des Volks [...] kein Recht des *Aufstandes* (seditio), noch weniger des *Aufruhrs* (rebellio), am allerwenigsten gegen *ihn,* als einzelne Person (Monarch), unter dem Vorwande des Mißbrauchs seiner Gewalt (tyrannis), *Vergreifung* an seiner Person, ja an seinem Leben [...]. Der geringste Versuch hiezu ist *Hochverrat* [...], und der Verräter dieser Art kann als einer, der sein *Vaterland umzubringen* versucht, nicht minder als mit dem Tode bestraft werden."[17]

Mit Bezug auf die als „schauderhaft" bezeichneten Hinrichtungen Karls I. und Ludwigs XVI. spricht Kant als von einem „Verbrechen, was ewig bleibt, und nie ausgetilgt werden kann", ähnlich dem, „was die Theologen diejenige Sünde nennen, welche weder in dieser noch in jener Welt vergeben werden kann"[18]. Denn, so spricht der Vollender der deutschen Aufklärung, jener sogenannte nennt Marx die Kantische Rechts- und Staatsphilosophie die „deutsche Theorie der Französischen Revolution“[20] und Friedrich Schlegel spricht umgekehrt von der Französischen Revolution als von einer „vortreffliche[n] Allegorie auf das System des transzendentalen Idealismus“[21], wobei er allerdings weniger Kant als Fichte im Auge hat, dessen sich selbst setzendes Ich, die creatio ex nihilo der transzendentalen Subjektivität.

Auch Hegel begreift die Revolution als die Verwirklichung der Philosophie: „Man hat gesagt, die Französische Revolution sei von der Philosophie ausgegangen, und nicht ohne Grund hat man die Philosophie Weltweisheit genannt, denn sie ist nicht nur die Wahrheit an und für sich, als reine Wesenheit, sondern auch die Wahrheit, insofern sie in der Wirklichkeit lebendig wird.“[22] Das klingt nach Versöhnung von Idee und Wirklichkeit, führt aber paradox ins Innerste der geschichtlichen Welt die Entzweiung ein, den Bruch mit der Vergangenheit und läßt eine Zukunft frei, die ohne Beziehung zur Herkunft ist. Die Revolution ist für Hegel mehr als ein gewalttätiger Akt, die Zerschlagung einer Regierungsform und der Sturz einer Klasse, sie markiert in einem bestimmten Sinn das Ende der gesamten bisherigen Geschichte, denn ihr Anspruch ist universell und ihr Prinzip ist die unendliche Reflexion des Selbstbewußtseins, das alle Heteronomien in sich auflöst und die Wirklichkeit als seine eigene Setzung begreift. Nunmehr ist das Subjekt auf sich selbst gestellt und erschafft eine Welt nach dem Vor-Bild seiner eigenen Gedanken. Noch der als reaktionär verschrieene alte Hegel hat in den zuletzt 1829 gehaltenen ‚Vorlesungen zur Philosophie der Geschichte‘ dieses Prinzip der Revolution mit einer Emphase gefeiert, die in der philosophischen Literatur wohl einmalig ist

---

„Alleszermalmer“ 1798, der vor der Revolution (1784) noch den „Ausgang des Menschen aus seiner selbstverschuldeten Unmündigkeit“ zum Programm erhoben hatte, angesichts des Versuchs seiner politischen Verwirklichung: „Es ist doch *süß*, sich Staatsverfassungen auszudenken, die den Forderungen der Vernunft (vornehmlich in rechtlicher Absicht) entsprechen; aber *vermessen*, sie vorzuschlagen, und *strafbar*, das Volk zur Abschaffung der jetzt bestehenden aufzuwiegeln.“[19] Die praktische Vernunft, als abstraktes Prinzip, scheitert an der Vernunft der Praxis.

und bei dem sonst so trockenen Hegel erst recht: „Solange die Sonne am Firmamente steht und die Planeten um sie herumkreisen, war das nicht gesehen worden, daß der Mensch sich auf den Kopf, d.i. auf den Gedanken stellt und die Wirklichkeit nach diesem erbaut. Anaxagoras hatte zuerst gesagt, daß der νοῦς die Welt regiert; nun aber erst ist der Mensch dazu gekommen, zu erkennen, daß der Gedanke die geistige Wirklichkeit regieren solle. Es war dieses somit ein herrlicher Sonnenaufgang. Alle denkenden Wesen haben diese Epoche mitgefeiert. Eine erhabene Rührung hat in jener Zeit geherrscht, ein Enthusiasmus des Geistes hat die Welt durchschauert, als sei es zur wirklichen Versöhnung des Göttlichen mit der Welt nun erst gekommen.“[23]

Doch achten wir auf den stilistischen Vorbehalt, der den Schwung der Rede bremst: Hegel sagt: „als sei es zur wirklichen Versöhnung gekommen“ — denn es kam nicht dazu. Tatsächlich bedeutete die Freiheit auch einen Verlust — einen Verlust an Sicherheit und Geborgenheit in traditionalen Sinnsystemen. Die Heteronomie hatte auch einen Schutz geboten, man hatte ein metaphysisches Dach über dem Kopf, gestützt von den Säulen der Religion, der Tradition und der durch uralten Brauch geheiligten sozialen Ordnung. Unterminiert wurden diese schon von der Aufklärung, mit der Revolution aber brach das Gebäude zusammen. Erst seit diesem Zeitpunkt ist es in einem strengen Sinn erlaubt, von einer politischen Reaktion zu reden, als Versuch einer Restitution der alten Ordnung und einer Wiederbelebung von vererbtem Sinn, vor dem das Subjekt in die Knie gehen kann. „Der Weltgeist“, sagt Hegel, „hat der Zeit das Kommandowort zu avancieren gegeben“[24] — davor schreckten manche zurück und weinten den alten „Bindungen“ nach, auch viele jener, die nicht von ihnen profitierten. So spaltet die Revolution die Geschichte nicht nur in ein Vorher und ein Nachher, sondern der Riß, den sie schlägt, setzt sich auch in die Zukunft fort; ein Riß, der mit der Zeit nicht enger, sondern breiter werden und sich verzweigen sollte — er beginnt mit der spätromantischen Reaktion und verläuft bis zu den Fundamentalismen und Evangelisierungen unserer Tage.

In äußerster Dichte und Zuspitzung hat Hegel diese Dialektik der Freiheit schon in der ‚Phänomenologie des Geistes‘ behandelt, wobei er allerdings der dramatischen Entwicklung ein versöhnliches Ende abzugewinnen sich bemüht. Es gibt, und das ist wahr, auch bei Hegel jene „Sehnsucht nach der universellen Idylle", welche Camus an Sartre diagnostizierte, doch diese Sehnsucht bleibt in Wahrheit unbefriedigt und der „matte Schluß", der schon der ‚Phänomenologie des Geistes' eignet und nicht erst Hegels Philosophie im ganzen, sollte nicht darüber hinwegtäuschen, daß die mikrologische Dialektik Hegels dort, wo er sie wirklich austrägt, jede Versöhnung von innen her sprengt, jede erreichte Synthese immer wieder zunichte macht und auf höherem Niveau in eine neue Zerrissenheit mündet.

Gewiß demonstriert die ‚Phänomenologie des Geistes' jene große Bewegung des erscheinenden Bewußtseins, wie sie die nachträglich geschriebene Vorrede behauptet, aber der Ernst des werdenden Absoluten ist einem in viele fragmentarische Ansätze zerbrochenen, oft boshaft witzigen Textkaleidoskop abgewonnen und auferlegt, dessen einzelne Splitter je für sich in Momenten die *ganze* Logik der Entwicklung enthalten und diese zugleich an ihren Schnittstellen immer wieder destruieren.

Die Achtung vor diesem genialen Wurf sollte nicht daran hindern, aus dem tödlich ernsten Text auch das trockene Lachen und die oft fetzige Provokation herauszuhören, welche die ‚Phänomenologie des Geistes' über ihre begriffliche Strenge hinaus auch zu einem großen Werk der modernen Literatur machen — nicht umsonst hat Bertold Brecht Hegel einen der größten Humoristen der Weltliteratur genannt. (An Witz übertroffen wird er vielleicht nur von meinem Freund Robert Menasse, der in einer köstlichen Studie gezeigt hat, wie das absolute Wissen sich seit Hegel wieder einrollt, bis zur Punktualität der sinnlichen Gewißheit im Wiener Kreis.[25])

Die thematische und zeitliche Verschlungenheit der gedanklichen Figuren, die in den Text eingezogenen Schleifen, legen meines Erachtens einen formalen Vergleich der Abenteuer des Geistes mit Laurence Sternes ironisch gebrochenem Entwicklungsroman ‚Tristram Shandy' durchaus nahe.

Denn die im absoluten Wissen triumphierende Marschmusik der Gesamtkomposition zerfällt bei näherem Hinhören in eine Unzahl selbständiger Motive, die der großen Bewegung oft gegenläufig sind, oder die auf frühere Themen zurückgreifen und sie neu instrumentieren. Sie bilden gewissermaßen monadologische Einheiten. So hat z.B. der große Hegelinterpret A. Kojève allein aus dem Kapitel IV A: „Selbständigkeit und Unselbständigkeit des Selbstbewußtseins; Herrschaft und Knechtschaft", also aus nur zehn Seiten, einen logischen Strang der gesamten ‚Phänomenologie' herauspräpariert und darüber hinaus dessen Modellcharakter für die marxistische Revolutionstheorie gezeigt.

Auf die Französische Revolution explizit zu sprechen kommt Hegel nur in dem Kapitel VI B III: „Die absolute Freiheit und der Schrecken".

Oberflächlich betrachtet, handelt es sich dabei um eine Denunziation der jakobinischen Herrschaft des Jahres II. Doch dieser Eindruck ist falsch, und die von allen historischen Kontingenzen gereinigte begriffliche Fassung der Dialektik der Freiheit gibt dem Kapitel eine Bedeutung, die weit hinausgeht über eine Besprechung des geschichtlich situierten Ereignisses.

So wie das Kapitel „Herrschaft und Knechtschaft" für die Dialektik der Anerkennung und für die emanzipative Funktion der Arbeit, so liefert das Kapitel „Die absolute Freiheit und der Schrecken" ein zwar hoch abstraktes, aber in seiner Abstraktheit paradigmatisches Modell revolutionärer Dynamik. Denn es behandelt die Frage des Terrors, jenes Phänomens also, an dem die Geister sich scheiden, nicht nur in ihrer Haltung zur Französischen Revolution, sondern zu jeder revolutionären Bewegung überhaupt.

III.

Hegel eröffnet das Kapitel mit einer konzentrierten Charakteristik des Bewußtseins auf dem Stande vollendeter Aufklärung. Dieses „hat in der Nützlichkeit seinen Begriff gefunden"[26]. D.h. die Aufklärung hat die Natur, die gesellschaftlichen Institutionen und die politischen Einrichtungen, die Traditionen und die verdinglichten Formen sozialen Verkehrs, gedanklich durchdrungen und sie in ein System funktionaler Abhängigkeiten und wechselseitiger Nützlichkeiten begrifflich aufgelöst. Sie erkennt in ihnen die geschichtlich entäußerte Gestalt ihrer eigenen — wir würden heute mit Horkheimer sagen: instrumentellen — Rationalität. Ihr ist „das Denken Dingheit, oder Dingheit ist Denken“[27].

Vor diesem Denken hat sich der Glaube aufgelöst, und jedes von der Spekulation fixierte Jenseits ist verschwunden. Die Welt ist zu einem Universum von Dingen erkaltet, die wechselseitig aufeinander verweisen und nur insofern sind, als sie füreinander sind, welche Beziehung der Verstand jedoch durchschaut, in der „reinen Einsicht“ sich selbst als entäußerten erkennt und so den Gegenstand als für ihn seienden auf sich selbst zurückbezieht. So hat das Subjekt sich die Welt als System von Nützlichkeiten unterworfen: „Die Wirklichkeit — wie sie Gegenstand für das wirkliche Bewußtsein der reinen Einsicht ist — [ist] die *Nützlichkeit.*

So schlecht die Nützlichkeit dem Glauben, oder der Empfindsamkeit, oder auch der sich Spekulation nennenden Abstraktion, welche sich das *Ansich* fixiert, aussehen mag, so ist sie es, worin die reine Einsicht ihre Realisierung vollendet und sich selbst ihr *Gegenstand* ist.“[28]

Insofern aber der Begriff noch Gegenstand ist, hat das Bewußtsein ihn noch außer sich, die Nützlichkeit ist noch „Prädikat des Gegenstandes“, nicht selber schon Subjekt. Zwar ist das Subjekt schon frei geworden, aber erst dem Gegenstand *gegenüber* — den Institutionen, politischen Einrichtungen etc. —, findet also in diesen noch seine Grenze und empfindet sie daher als Zwangssystem — das Subjekt ist sich selbst, sagt Hegel, noch nicht seine unmittelbare und einzige Wirklichkeit. Weil es jenes System der Äußerlichkeiten aber schon durchschaut, ist dieses seiner heterologen Würde beraubt, hat alle Legitimität verloren und ist eigentlich nicht mehr *wirklich,* weil es nicht auch vernünftig ist, wie man mit einer späteren, berüchtigten Formulierung aus der ‚Rechtsphilosophie‘ sagen könnte. Das Subjekt der Aufklärung ist *an sich,* aber noch nicht *für sich* frei geworden. Wenn es dieses in einer zweiten Reflexion erkennt, so tritt, sagt Hegel, aus dieser inneren Umwälzung die wirkliche Umwälzung der Wirklichkeit, die neue Gestalt des Bewußtseins, die *absolute Freiheit* hervor.

An sich ist nämlich die Rücknahme des Gegenstandes in das Bewußtsein durch die reine Einsicht in ihn und seine Verwandlung in reine Nützlichkeit schon geschehen, denn dieser hatte keine Kraft in sich, der Erkenntnis zu widerstehen, er löst sich auf im reinen Begriff. So ist in der Tat, sagt Hegel, „nicht mehr als ein reiner Schein von Gegenständlichkeit vorhanden, der das Selbstbewußtsein von dem Besitze trennt. Denn teils ist überhaupt alles Bestehen und Gelten der bestimmten Glieder der Organisation der wirklichen und geglaubten Welt in diese einfache Bestimmung als in ihren Grund und Geist zurückgegangen; teils aber hat diese nichts Eignes mehr für sich, sie ist vielmehr reine Metaphysik, reiner Begriff oder Wissen des Selbstbewußtseins“[29].

So erkennt das Selbstbewußtsein die gesellschaftliche Wirklichkeit als seine eigene Setzung, es durchschaut sie als Entäußerung der Subjektivität, die es selber ist, und löst sie so als gegenständliche Wirklichkeit auf in den Begriff, in die sich selbst durchsichtige und sich selbst wissende kollektive Subjektivität: „Denn das Bewußtsein als reine Einsicht ist nicht *einzelnes* Selbst, dem der Gegenstand ebenso als *eignes* Selbst gegenüberstände, sondern es ist der reine Begriff, das Schauen des Selbsts in das Selbst, das absolute *sich selbst* doppelt Sehen; die Gewißheit seiner ist das allgemeine Subjekt und sein wissender Begriff das Wesen aller Wirklichkeit.“[30]

J.-P. Sartre wird in der ‚Kritik der dialektischen Vernunft‘ diesen Übergang in die Selbstdurchsichtigkeit als Einschmelzen der Serialität in der revolutionären Gruppe beschreiben, die sich als sich selbst intelligible fusioniert — niemals vollständig allerdings wie bei Hegel, weil sie für den Existentialisten Sartre immer aufruht auf einer kontingenten Basis des Praktisch-Inerten, durchsetzt und strukturiert bleibt von der Trägheit bearbeiteter Materie, die in den Begriff nicht auflösbar ist. Doch auch Sartre sieht im Übergang aus dem Entfremdungsbereich des seriellen Kollektivs zur „Gruppe“ den „Beginn der Menschlichkeit“, den „Sieg des Menschen als gemeinsamer Freiheit“ über die Notwendigkeit.[31]

Für Hegel aber ist hier der Geist, das „Ich das Wir, und das Wir, das Ich ist“, als „absolute Freiheit“ vorhanden: „Es ist das

Selbstbewußtsein, welches sich erfaßt, daß seine Gewißheit seiner selbst das Wesen aller geistigen Massen der realen so wie der übersinnlichen Welt, oder umgekehrt, daß Wesen und Wirklichkeit das Wissen des Bewußtseins von sich ist [...] die Welt ist ihm schlechthin sein Wille, und dieser ist allgemeiner Wille. Und zwar ist er nicht der leere Gedanke des Willens, der in stillschweigende oder repräsentierte Einwilligung gesetzt wird, sondern reell allgemeiner Wille, Wille aller *Einzelnen* als solcher [...] und was als das Tun des Ganzen auftritt, das [ist das] unmittelbare Tun eines *Jeden.*“[32]

Ohne explizit zu zitieren, nimmt Hegel hier die Rousseauschen Begriffe der volonté generale („reell allgemeiner Wille“) und der volonté des tous („Wille aller Einzelner als solcher“) auf und zeigt, daß am Schmelzpunkt der revolutionären Erhitzung der Gesellschaft dieser umschlägt zur unmittelbaren Identität mit jenem. In diesem Zustand der Verflüssigung werden alle sozialen Unterschiede und politischen Institutionen (die „geistigen Massen“), welche die Gesellschaft gliederten, die Stände voneinander trennten, den Individuen fixe Plätze, Aufgaben und Privilegien zuwiesen, und sie so in ihrer Freiheit beschränkten, aufgelöst und weggeschwemmt. Die Gesellschaft ist sich als ganze selbstdurchsichtigtes, in sich reflektiertes Subjekt geworden:

„Diese ungeteilte Substanz der absoluten Freiheit erhebt sich nun auf den Thron der Welt, ohne daß irgend eine Macht ihr Widerstand zu leisten vermöchte.“[33]

Man hat gesagt, Hegel denke die Dynamik der *bürgerlichen* Revolution. Das ist für die Gesamtheit der ‚Phänomenologie des Geistes‘ sicherlich richtig. Aber an Stellen wie dieser kann man sehen, wie sein objektiver Idealismus weit darüber hinausschießt. Er entwickelt hier nicht ein Modell der *bürgerlichen*, und natürlich auch nicht ein Modell der *proletarischen* Revolution, sondern, indem er jede Form der Entfremdung durchschlägt und die universelle Klasse als revolutionäres Subjekt mit dem Volksganzen verschmilzt, ein Modell der *absoluten* Revolution. Seine Logik der Freiheit geht bis ans Ende der überhaupt denkbaren, geschichtlich natürlich niemals realisierten oder realisierbaren, Selbstauflösung aller Strukturen der Gesellschaft. Das führt aber unmittelbar gerade *nicht* zu deren Atomisierung, sondern umgekehrt zur totalen Einschmelzung der Individuen in die gesellschaftliche Totalität:

„In dieser absoluten Freiheit sind also alle Stände, welche die geistigen Wesen sind, worein sich das Ganze gliedert, getilgt; das einzelne Bewußtsein, das einem solchen Gliede angehörte, und in ihm wollte und vollbrachte, hat seine Schranke aufgehoben; sein Zweck ist der allgemeine Zweck, seine Sprache das allgemeine Gesetz, sein Werk das allgemeine Werk."[34]

Das Individuum tritt so aus seiner privaten, abgeschiedenen, es von anderen trennenden Sphäre heraus, läßt diese als ein Nichtiges hinter sich und kann sich nur in einer Arbeit verwirklichen, welche „ganze Arbeit" ist, unmittelbare Arbeit am Ganzen.[35] Es ist dieses Individuum die Vollendung des *tugendhaften* Individuums, wie Hegel es in dem Kapitel „Die Tugend und der Weltlauf", sozusagen in seiner Existenzform in ruhigen Zeiten, beschrieben hatte. Jetzt tritt sein Wesen rein hervor.

Die „Gestalt des Bewußtseins", hatte Hegel dort geschrieben, „sich in dem Gesetze, in dem *an sich* Wahren und Guten nicht als die Einzelheit, sondern nur als *Wesen* zu werden, die Individualität aber als das Verkehrte und Verkehrende zu wissen und daher die Einzelheit des Bewußtseins aufopfern zu müssen, ist die *Tugend* [...]. Dem Bewußtsein der Tugend ist das *Gesetz* das Wesentliche und die Individualität das Aufzuhebende."[36]

In der Revolution brüderlich mit allen anderen „Rittern der Tugend"[37] vereinigt und durch und durch politisiert, beschränkt es sich nicht auf die Erfüllung einer sozialen Rolle in einer arbeitsteiligen Gesellschaft, sondern „in Tätigkeit übergehend [...] und Gegenständlichkeit erschaffend, macht es [...] nichts Einzelnes, sondern nur Gesetze, und Staatsaktionen"[38].

Aber an dieser Stelle der Entwicklung kommt die Sache ins Kippen. Denn die absolute Freiheit kann es nicht dulden, daß eine neue Gegenständlichkeit entsteht, neue Institutionen, Gesetze, Körperschaften etc., welche die Gesellschaft — in welcher Art und Weise auch immer — gliederten und in sich unterteilten. Dies widerspräche der absoluten Freiheit, denn „das Tun und Sein der Persönlichkeit fände sich [...] dadurch auf einen Zweig des Ganzen, auf eine Art und Tun des *Seins* beschränkt;

in das Element des Seins gesetzt, erhielte sie die Bedeutung einer *bestimmten;* sie hörte auf, in Wahrheit allgemeines Selbstbewußtsein zu sein [...]. Es folgt daraus, daß es zu keinem positiven Werke, weder zu allgemeinen Werken der Sprache noch der Wirklichkeit, weder zu Gesetzen und allgemeinen Einrichtungen der *bewußten,* noch zu Taten und Werken der *wollenden* Freiheit kommen kann [...]. Kein positives Werk noch Tat kann also die allgemeine Freiheit hervorbringen; es bleibt ihr nur das *negative Tun;* sie ist nur die *Furie* des Verschwindens."[39]

Halten wir für einen Augenblick inne und sehen wir zu, was da geschehen ist. Hegel hat gezeigt, daß die absolute Freiheit, nimmt man den Begriff in seiner vollen Bedeutung, mit ihrem Gegenteil unmittelbar identisch ist. Denn was sich als unendliches Potential positiver Möglichkeiten verstanden hat, ist zugleich deren Vernichtung in dem Augenblick, in dem diese in die Wirklichkeit treten. Die Freiheit muß sich selbst verschlingen in ihren eigenen Resultaten, sonst würden diese sie als absolute trüben. Die absolute Freiheit, in der die Revolution kulminiert, schlägt um in den Terror. Das abstrakte Allgemeine, das aus dem Handeln aller tugendhaften Individuen sich konstituiert, die allein der Förderung des Ganzen sich verschrieben haben, steht unvermittelt jedem einzelnen tugendhaften Individuum gegenüber:

„Jene Allgemeinheit, die sich nicht zu der Realität der organischen Gliederung kommen läßt und in der ungeteilten Kontinuität sich zu erhalten den Zweck hat, unterscheidet sich in sich zugleich, weil sie Bewegung oder Bewußtsein überhaupt ist. Und zwar um ihrer eigenen Abstraktion willen trennt sie sich in ebenso abstrakte Extreme, in die einfache unbiegsame kalte Allgemeinheit, und in die diskrete absolute harte Sprödigkeit und eigensinnige Punktualität des wirklichen Selbstbewußtseins. Nachdem sie mit der Vertilgung der realen Organisation fertig geworden und nun für sich besteht, ist dies ihr einziger Gegenstand."[40] Die absolute Freiheit, die sich im Ganzen verwirklicht hat, findet, nachdem die Gesellschaft alle ihre inneren Grenzen aufgelöst hat, ihr — im Grunde paradoxes — Gegenüber nur mehr in den einzelnen Selbstbewußtseinen selbst, die doch in ihrer Summe jene absolute Freiheit erst konstituieren.

Denn trotz ihrer tugendhaften Hingabe an das Ganze bleibt jedes Selbstbewußtsein in seiner inneren Unendlichkeit allen anderen äußerlich als „Punktualität" verschlossen, diese sind niemals sicher, daß jenes sich tatsächlich tugendhaft verhalten werde. Es muß dieses *schwören* und in seinen eigenen Tod einwilligen, wenn es nach Meinung der anderen vom Pfad der revolutionären Tugend abweicht, wofür schon die *innere Absicht* reicht, die sich gar nicht erst in einer Tat verwirklicht haben muß; denn jene allein trübte schon die Transluzidität des Ganzen: „*Verdächtig werden* tritt daher an die Stelle oder hat die Bedeutung und Wirkung des *Schuldigseins,* und die äußere Reaktion gegen diese Wirklichkeit, die in dem einfachen Innern der Absicht liegt, besteht in dem trocknen Vertilgen dieses seienden Selbsts, an dem sonst nichts wegzunehmen ist als nur das reine Sein selbst."[41]

J.-P. Sartre hat in der ‚Kritik der dialektischen Vernunft' diese Entzweiung und den Versuch ihrer Überwindung noch ins Innere des revolutionären Individuums selbst hinein verfolgt, indem er zeigte, daß es sich nicht einmal um *bewußte* Absicht handeln muß, womit dieses gegen die fusionierte Gruppe deviant wird, sondern daß sich jeder Einzelne gerade im Zustand der Tugend selbst verdächtig wird. Die Angst, die er so vor sich selbst empfindet, delegiert er durch den Eid nach außen, indem er dem Andern das Recht einräumt, ihn zu töten, um so die durchsichtige Einheit wieder herzustellen:

„Ein freier Versuch, an die Stelle der Angst vor sich selbst und vor dem Anderen in jedem und durch jeden die Angst vor allen zu setzen, insofern sie unmittelbar die Gewalt als intelligible Überschreitung der individuellen Entfremdung durch die gemeinsame Freiheit reaktualisiert: das ist der Eid [...]. Der Dritte ist gegen meinen freien Verrat versichert durch jenes Recht, das ich allen (und ihm) zuerkannt habe, mich im Falle meines Versagens durch den Terror auszulöschen, den das gemeinsame Recht in mir herrschen läßt und den ich verlangt habe [...]. So finde ich den Terror als Forderung in mir selbst wieder. Anders gesagt, der grundlegende Status der vereidigten Gruppe ist Terror."[42]

Was Sartre hier von der subjektiven Seite her, aus der existentiellen Psychologie des revolutionären Bewußtseins heraus entwickelt, das ergibt sich für Hegel aus der objektiven Dialektik der sich realisierenden Freiheit selber, die sich in ihre abstrakten Momente des Allgemeinen und des Individuellen auseinanderlegt: „Das Verhältnis also dieser beiden, da sie unteilbar absolut für sich sind, und also keinen Teil in die Mitte schicken können, wodurch sie sich verknüpften, ist die ganz *unvermittelte* reine Negation, und zwar die Negation des Einzelnen als *Seienden* in dem Allgemeinen. Das einzige Werk und Tat der allgemeinen Freiheit ist daher der *Tod,* und zwar ein *Tod,* der keinen innern Umfang und Erfüllung hat, denn was negiert wird, ist der unerfüllte Punkt des absolut freien Selbsts; er ist also der kälteste platteste Tod, ohne mehr Bedeutung als das Durchhauen eines Kohlhaupts oder ein Schluck Wassers."[43] Selbstverständlich ist, und darauf wird ja von allen Kommentatoren hingewiesen, die jakobinische Schreckensherrschaft des Jahres II der realhistorische Hintergrund dieser berühmten, und selbst schon fast zu Tode zitierten Stelle der ‚Phänomenologie des Geistes'. Vor allem die rationalistische Kälte des Terrors kommt in ihr unüberbietbar klar zum Ausdruck und die Abstraktheit der Verfahren, des Schuldigsprechens und der Tötung selber. Saint-Just hat die Guillotine eine Maschine zum Regieren genannt und erst kürzlich hat man darauf aufmerksam gemacht, daß dieser Maschine die Einfachheit und Universalität eines Axioms eignet: Sie besteht aus den geometrischen Elementarfiguren Kreis, Rechteck und Dreieck. (Der „Schluck Wassers" dürfte allerdings als Anspielung auf die Massenertränkungen in der Loire zu verstehen sein, was freilich einer Selbstbeschädigung der Argumentation gleichkäme: denn diese waren keine reinen Akte revolutionären Terrors, sondern Rache- und Bestrafungsaktionen im Zusammenhang des Bürgerkriegs.)

Doch sollte der Schauder, den dieses Bild bereitet, nicht vergessen lassen, daß der Schrecken der Revolution, den sie bewußt verbreitet, nicht jenes mit Ekel gemischte Grauen ist, wie es etwa die qualvoll-endlose Hinrichtung Damiens von 1757, der Ludwig XV. einen Kratzer zugefügt hatte, in uns hervorruft, sondern daß der revolutionäre Terror in einer Serie luzider Schocks besteht. Im Hinblick auf die Guillotine hat Michel Foucault vom „Nullpunkt der Marter" gesprochen: „Beinahe ohne den Körper zu berühren, löscht die Guillotine das Leben aus."[44] Die Revolution foltert ihre Delinquenten nicht langsam zu Tode, sie verstümmelt sie nicht wie das Ancien Régime, das sie ja möglichst lange in der Qual zum Tode am Leben gehalten hat, sondern sie tötet ihre Opfer schnell und im grellen Licht wie ein Blitz. Ihre Öffentlichkeit ist total, und der Schrecken des Terrors hat nicht nur einschüchternde Funktion, sondern in ihm bestätigt die Revolution sich selbst in ihrem eigenen Elan. Auf den öffentlichen Plätzen sieht sie sich stolz ins eigene Gesicht. Hegel schreibt:

„In diesem ihren eigentlichen *Werke* wird die absolute Freiheit sich zum Gegenstande, und das Selbstbewußtsein erfährt, was sie *ist. An sich* ist sie eben dies *abstrakteSelbstbewußtsein,* welches allen Unterschied und alles Bestehen des Unterschiedes in sich vertilgt. Als dieses ist sie sich der Gegenstand; der Schrecken des Todes ist die Anschauung dieses ihres negativen Wesens."[45]

Damit ist der Bildungsprozeß der Revolution vollendet. Das freie Selbstbewußtsein hat seine Realität ganz anders erfahren, denn als positives Bestehen im allgemeinen Willen. Was ihm die Wirklichkeit der absoluten Freiheit schien, ist in Wahrheit seine Vernichtung: „Der allgemeine Wille, als absolut positives wirkliches Selbstbewußtsein, schlägt, weil es diese zum reinen Denken oder zur abstrakten Materie gesteigerte selbstbewußte Wirklichkeit ist, in das negative Wesen um, und erweist sich ebenso Aufheben des Sichselbstdenkens oder des Selbstbewußtseins zu sein."[46]

Diese Erfahrung ist die Kippe des Thermidor. Die Gesellschaft sinkt wieder in Trägheit zurück, sie bildet wieder innere Gestalten und „die Organisationen der geistigen Massen aus, denen die Menge der individuellen Bewußtseine zugeteilt wird"[47]. Sartre würde sagen, die Gruppe zerfällt in Serialität. Die Individuen suchen wieder Schutz in der Entfremdung: „Diese, welche die Furcht ihres absoluten Herrn, des Todes, empfunden, lassen sich die Negation und die Unterschiede wieder gefallen, ordnen sich unter die Massen, und kehren zu einem geteilten und beschränkten Werke, aber dadurch zu ihrer substantiellen Wirklichkeit zurück."[48]

So scheint die Revolution vergeblich gewesen zu sein, das Leben läuft wieder in ruhigeren Bahnen. Die revolutionäre Trias „Freiheit, Gleichheit, Brüderlichkeit“ wurde von ihrem eigenen Schwerpunkt, dem Schrecken, um den sie gravitierte, verschluckt; jetzt breitet sich wieder Alltäglichkeit aus. Die Raserei hat nur Verwirrung gebracht, Vernichtung und Tod. So scheint Hegel die Revolution zu verurteilen, weil sie nichts Positives hinterläßt; ihr Werk ist die reine Negation eben jener Freiheit, die zu verwirklichen sie angetreten war. Und dies nicht aus akzidentellen Gründen, sondern aufgrund ihrer immanenten Logik. Tatsächlich wird der Abschnitt oft so verstanden, als ob der jakobinische Terror Hegel zu einer Distanzierung von der Revolution veranlaßt hätte.

Lesen wir aber das Kapitel zu Ende, so ergibt sich ein anderes Bild. Hegel läßt die Sache nämlich noch einmal kippen. Vergessen wir nicht, daß die ‚Phänomenologie des Geistes‘ ursprünglich den Titel hätte tragen sollen: ‚Wissenschaft der Erfahrung des Bewußtseins‘. Auf den letzten Seiten unseres Kapitels zeigt Hegel, daß der Terror nicht nur *notwendig* in dem Sinne ist, daß jede Revolution, geht sie nur weit genug in ihrer Zerstörung der alten Welt und in ihrem Versuch der Verwirklichung der Freiheit, *zwangsläufig* eine terroristische Phase durchlaufen muß; sondern daß der Terror auch notwendig ist im Sinne von *unverzichtbar* für die Bildung eines neuen Bewußtseins. Dieses geht nämlich, wie Hegel sagt, nicht nur „erfrischt und verjüngt“ aus dem „Tumulte“ hervor[49], sondern es hat durch diesen auch eine neue Stufe der Bildung erfahren. Tatsächlich begreift Hegel den Schrecken des revolutionären Terrors als die *sublimste Form der Bildung,* der das Bewußtsein sich selbst exponieren kann: „Die Bildung, die es [das Bewußtsein] in der Wechselwirkung mit jenem Wesen [dem allgemeinen Willen] erlangt, ist daher die erhabenste und letzte, seine reine einfache Wirklichkeit unmittelbar verschwinden und in das leere Nichts übergehen zu sehen.“[50]

In der sonstigen Welt der Bildung kommt es nicht zu dieser extremen Erfahrung, die Negation oder die Entfremdung, über die allein Bildung sich vollzieht, bleibt immer die „erfüllte“, d.h. die Formung bleibt immer partiell, auf ein bestimmtes Vermögen oder auf eine bestimmte Eigenschaft des Individuums bezogen — sie ist:

„[...] entweder die Ehre oder der Reichtum, die es an die Stelle des Selbsts, dessen es sich entfremdete, gewinnt; — oder die Sprache des Geistes und der Einsicht, die das zerrissene Bewußtsein erlangt; oder sie ist der Himmel des Glaubens, oder das Nützliche der Aufklärung. Alle diese Bestimmungen sind in dem Verluste, den das Selbst in der absoluten Freiheit erfährt, verloren; seine Negation ist der bedeutungslose Tod, der reine Schrecken des Negativen, das nichts Positives, nichts Erfüllendes an ihm hat. — Zugleich aber ist diese Negation [...] nicht ein Fremdes [...] worin die sittliche Welt untergeht, [...] sondern sie ist der *allgemeine Wille* [...].“[51]

Der allgemeine Wille, den das Subjekt als letzte Abstraktion an sich selbst erfahren hat, ist „aber eben darum [...] unmittelbar eins mit dem Selbstbewußtsein, oder er ist das rein Positive, weil er das rein Negative ist; und der bedeutungslose Tod, die unerfüllte Negation des Selbsts schlägt im innern Begriffe zur absoluten Positivität um“[52].

Damit hat das Selbstbewußtsein eine neue Stufe der Bildung erreicht. Es weiß nun um seine absolute Macht, denn es hat sich selbst im Zustand absoluter Freiheit in sein eigenes schreckliches Antlitz gesehen. Im Wissen um sein eigenes Wesen bewahrt es den Gedanken der Freiheit auf, „insofern *er Gedanke ist* und bleibt [...]. Es ist die neue Gestalt des *moralischen Geistes* entstanden“[53].

IV.

Mit diesem Resümee schließt das Kapitel „Die absolute Freiheit und der Schrecken“ der ‚Phänomenologie‘, mit dem Hegel die Bildung des Geistes durch dessen äußerste Zerrissenheit beschrieb in seiner Interpretation der Französischen Revolution. Und damit endet auch mein Versuch einer Interpretation dieses Kapitels, nicht der Geschichte, sondern dieses Buchs.

Es hat, wie wir gesehen haben, an einer seiner schönsten Stellen die Raserei des Terrors als nötig erwiesen, damit ein wenig moralischer Geist entstand, dessen Fadaise nunmehr den

Alltag der bürgerlichen Welt bestimmen wird. Mündet also auch dieses hochdramatische Kapitel in jenen „matten Schluß", von dem schon mehrfach die Rede war? Haben da nicht die Berge gekreißt, nur um ein Mäuschen zu gebären? Das Mäuschen des moralischen Bewußtseins nämlich, denn die bürgerliche Gesellschaft kam schon früher auf die Welt und hat als „System der Bedürfnisse" den Staat bald auch dort beherrscht, wo es keine Revolution gegeben hat. Bevor man diese Frage bejaht, sollte man sich jedoch noch eine andere stellen: Die Frage nämlich, was es vor Hegel bedeutet, wenn ein Volk, wie das österreichische oder das deutsche, die Freiheit niemals revolutionär erobert und also den Schrecken immer nur als einen der Unterdrückung erfahren hat? Was es für sein Selbstbewußtsein bedeutet, wenn es niemals als freies vor seiner eigenen Freiheit erschrak, sondern immer nur vor seinen Herren? Ob es nicht hinter der europäischen Bildung zurückblieb, trotz all seines Erbes, seiner Museen und Kulturinstitute?

März 1989

Anmerkungen

1 K. Marx, Differenz der demokritischen und epikureischen Naturphilosophie, in : MEW, Erg. Bd. 1, Berlin 1973, S. 266.
2 G. W. F. Hegel, Das älteste Systemprogramm des deutschen Idealismus, in: Werke in zwanzig Bänden, Bd. 1, Frankfurt/M. 1971, S. 234 f.
3 G. W. F. Hegel, Vorlesungen über die Philosophie der Geschichte, a.a.O., Bd. 12, S. 57.
4 G. W. F. Hegel, Grundlinien der Philosophie des Rechts, a.a.O., Bd. 7., S. 403 f.
5 G. W. F. Hegel, Phänomenologie des Geistes, Hamburg 1952, S. 11.
6 J. Ritter, Hegel und die französische Revolution, Frankfurt/M. 1965, S. 7 f.
7 C. Schmitt, Der Begriff des Politischen, Berlin 1963, S. 62 f.
8 Zit. nach: J. Ritter, a.a.O., S. 84.
9 Siehe O. Marquard, Schwierigkeiten mit der Geschichtsphilosophie, Frankfurt/M. 1973.
10 J. Ritter, a.a.O., S. 18.

[11] Ebda.
[12] Zit. nach: M. Heidegger, Hegels Begriff der Erfahrung, in: Holzwege, Frankfurt/M. 1950, S. 127.
[13] I. Kant, Über den Gemeinspruch: Das mag in der Theorie richtig sein, taugt aber nicht für die Praxis, A 205.
[14] I. Kant, Der Streit der Fakultäten, A 148.
[15] I. Kant, Metaphysik der Sitten, A 173, B 203.
[16] Ebda., A 174, B 204.
[17] Ebda., A 176, B 206.
[18] Ebda., A 178, B 208.
[19] I. Kant, Der Streit der Fakultäten, A 159.
[20] K. Marx, Das philosophische Manifest der historischen Rechtsschule, in: MEW 1, Berlin 1974, S. 80.
[21] F. Schlegel, Über die Unverständlichkeit, in: Kritische Schriften und Fragmente, Bd. 2, Paderborn 1988, S.237.
[22] G. W. F. Hegel, Vorlesungen über die Philosophie der Geschichte, a.a.O., S. 527 f.
[23] Ebda., S. 529 f.
[24] Zit. nach: J. Ritter, a.a.O., S. 32.
[25] R. Menasse, Die Phänomenologie der Entgeisterung. Mittlerweile veröffentlicht in: manuskripte 111/März 1991, S. 91 f.
[26] G. W. F. Hegel, Phänomenologie des Geistes, a.a.O., S. 414.
[27] Ebda., S. 410.
[28] Ebda., S. 411.
[29] Ebda., S. 414.
[30] Ebda., S. 414 f.
[31] J.-P. Sartre, Kritik der dialektischen Vernunft, Reinbek 1967, S. 464.
[32] G. W. F. Hegel, Phänomenologie des Geistes, a.a.O., S. 415.
[33] Ebda.
[34] Ebda., S. 416.
[35] Ebda.
[36] Ebda., S. 274.
[37] Ebda., S. 277.
[38] Ebda., S. 416.
[39] Ebda., S. 417 f.
[40] Ebda., S. 418.
[41] Ebda., S. 419.
[42] J.-P. Sartre, a.a.O., S. 460.
[43] G. W. F. Hegel, Phänomenologie des Geistes, a.a.O., S. 418 f.
[44] M. Foucault, Überwachen und Strafen, Frankfurt/M. 1976, S. 21.

[45] G. W. F. Hegel, Phänomenologie des Geistes, a.a.O., S. 419.
[46] Ebda., S. 420.
[47] Ebda.
[48] Ebda.
[49] Ebda.
[50] Ebda., S. 421.
[51] Ebda.
[52] Ebda.
[53] Ebda., S. 422.

Die Ordnung der Liebe

Moral ist etwas für die kleinen Leute und sie sorgt dafür, daß sie kleine bleiben. Sie ist das Glück der Regierungen und der Nächsten, nur leider selten von einem selbst. Sie wechselt mit den Zeiten Gestalt und Inhalt, aber eine eigene Geschichte hat sie nicht; vielmehr hängt sie ab von den Formen politischer Herrschaft, letztlich von Austausch und Produktion. Als Ideologie ist sie funktional darauf bezogen. Moral ist das System von innen, das subjektive Komplement struktureller Gewalt, das diese so lange in Latenz hält, als ihr die Steuerung der Individuen intrinsisch gelingt. Sie schafft „Sinn" und über das schlechte Gewissen ein gutes, ist daher nicht nur fungibel für die Ökonomie, sondern auch noch selbst ökonomisch: sie spart Kosten der Repression, indem sie diese die Individuen an sich selbst verrichten läßt, gleichsam in unbezahlter Heimarbeit. Noch in ihrer modernen Schrumpfform hat sie Züge der Religion an sich, als ihr säkularisierter Deszendent ist sie wie diese selber der „spiritualistische Point-d'honneur" je bestehender Verhältnisse, „ihre feierliche Ergänzung, ihr allgemeiner Trost und Rechtfertigungsgrund" (Marx). Nietzsche hat nur mit Ekel von ihr gesprochen, und es war nicht das schlechteste Motiv jeder Sozialutopie, sich von ihren verlogenen Geboten zu befreien. Dieses Motiv aber ist nicht wieder selbst moralisch, sondern entspringt einem ästhetischen Bedürfnis nach Sauberkeit. Nietzsche würde sagen „nach frischer Luft".

Vor dieser Hybris der Utopie hat Robert Spaemann immer gewarnt, gegen die Vernunft hat er stets die Vernünftigkeit eingemahnt, die müde Weisheit der Altvordern. Er hat sich damit zu Recht einen Namen gemacht, denn seine Lehren waren Salz in einer ohnehin sehr dünnen Suppe.

Jetzt hat er seine eigene Utopie geschrieben, und die liest sich wie die Hausordnung eines Seniorenheims. ‚Glück und Wohlwollen' nennt er seinen ‚Versuch über Ethik'[1], der Titel ist Programm und Versprechen zugleich, die das Herz erwärmen in einer doch eher kühlen Zeit. Es ist die Sorge um das Menschliche, die das Buch so ergreifend macht, um die Liebe zum Nächsten und um die Bewahrung von Wald und Flur, hier werden wieder Bindungen gepredigt und das zerrissene Bewußtsein der Moderne durch sanftes Handauflegen geheilt. Von Wackersdorf ist nicht die Rede und auch nicht davon, woran gebunden werden soll. Hier tut ein „Abgrund an Sittlichkeit" (Kraus) sich auf. Der Mensch stand immer schon im Mittelpunkt bei Spaemann, doch als es noch Reste von Geschichtsbewußtsein gab, damals, in den wilden 60er und 70er Jahren, als mit der Reformpädagogik die Revolution vor der Tür stand, da sah sein positives Denken sich zur Kritik genötigt an allen Formen von Emanzipation. Es bekam so manchmal eine etwas polemische Färbung. Heute, da keine Utopie mehr sichtbar ist und allerorten das Positive sich breitmacht, ist dieser unschöne Zug nicht mehr vonnöten. Aber ist auch die Macht des Negativen verschwunden, aufgelöst in eine ruhige Zufriedenheit mit dem, was ist, so fehlt es doch an Leitbildern, an Lebensentwürfen, an Sinn. Der Mensch, auf sich allein gestellt, kann dieses Loch nicht stopfen, er bedarf der Erinnerung an Werte, wie sie das Abendland hinterlassen hat, er bedarf des Zuspruchs der Metaphysik, zu guter letzt auch noch der Gnade. Daran gemahnt uns Spaemann nun nachhaltig, und vollmundig holt er das Versäumte nach.

Er tut es in zwei großen Kapiteln, die je für sich einer Epoche gewidmet sind. Mit dem ersten schreibt er souverän über die klassische Philosophie hinweg, das zweite führt ihn bis hart an die Grenze der Moderne, bis herauf zu Kant, doch hat es sein Zentrum in jenem Ordo, in dem das ganze Buch seine Heimat hat: in der mittelalterlichen Geistigkeit. Dort wohnt das Denken des Autors in einem Begriffsturm von gotischer Erhabenheit, von dessen Höhe aus die terrestrischen Irrtümer der Heiden — des Epikureismus und der Stoa zumal, und dann der Aristotelischen Weltklugheit — sich ebenso klar überblicken lassen wie die Vereinseitigungen moderner Rationalität, für die natürlich vor allem Marx als Buhmann steht. Daß der Turm aus Begriffen auf intuitionistischem Sand gebaut ist, wird zum Glück nur an wenigen Stellen offenbar, wie etwa auf S. 165 f. im zweiten Teil wo es heißt, daß man sich „klar machen [muß], daß die Übereinstimmung mit unseren elementaren Intuitionen letzten Endes das einzige Kriterium ist, das uns in moralischen Fragen zur

Verfügung steht", sodaß alle ethischen Argumente „schließlich an das appellieren müssen, was wir alle immer schon wissen, ehe wir durch Philosophen oder Theologen belehrt werden". Mit anderen Worten, Philosophie und Theologie sind nur dazu da, uns in unseren Vorurteilen zu bestätigen. Spaemann sagt das natürlich nicht so, aber die sogenannten „schwarzen" Schriftsteller des Bürgertums, Sade, Stirner und Nietzsche, die haben es gesagt und daraus für die moderne Moral desaströse Konsequenzen gezogen. Aber jene, die die Aufklärung radikal zu Ende dachten, kommen bei Spaemann gar nicht vor. Gegen die gesamte Ideologiekritik seit Hegel stützt sein sittliches Benehmen sich auf die „Wahrnehmungsevidenz" (S. 132), ohne diese im geringsten historisch oder soziologisch auf ihre materiellen Bedingungen zu befragen. Basis des moralischen Urteils ist ein christliches Weltbild, wie es in dieser schönen Geschlossenheit vielleicht noch an bayrischen Stiftsgymnasien für Knaben vermittelt wird. Gerade in diesem Abbruch der theoretischen Reflexion des Urteils, die dieses als etwas Abgeleitetes erwiese, liegt jedoch der enorme pädagogische Wert des Buches, denn nur so ist jene Scheinautonomie der Ethik möglich, die das falsche moralische Bewußtsein des Bürgers stützt. Ihr Fortgang führte unausweichlich entweder in materialistische Gesellschaftstheorie oder in den Nihilismus, deren beider Überwindung Spaemanns Anliegen ist. Sein ‚Versuch über Ethik' ist der Versuch, ihre moderne Aufhebung zu kupieren.

Dabei geht es im ersten Teil des Buches, welches die antiken Tugendlehren behandelt, noch durchaus hegelianisch zu. Hegelianisch insofern, als Spaemann zu zeigen versucht, wie Ethik als „Lehre vom gelingenden Leben", die im Epikureismus und in der Stoa ihre reflektiertesten und über Jahrhunderte mächtigsten Ausprägungen gefunden hat, aufgrund ihrer immanenten Logik über sich selbst hinaus getrieben hätte — ganz analog zum Kapitel „Stoizismus, Skeptizismus und das unglückliche Bewußtsein" in der ‚Phänomenologie des Geistes', mit einer allerdings entscheidenden Modifikation der Bewertung: Spaemann spricht der antiken Welt jenes „unglückliche Bewußtsein" zu, das Hegel dem Christentum vorbehalten hatte. Das gelingt ihm unter Ausnutzung einer modernen, seit Kant strapazierten Denkfigur, die den Alten durchaus fremd gewesen ist — daß nämlich jede auf das Ganze eines endlichen Lebens bezogene Ethik unausweichlich in eine Antinomie führen müsse. Denn dieses sei das Resultat einer praxis und als solche auch immer schon diese selber, nicht Produkt einer poiesis, in dem der Produzent sich veräußern und dem er sich wertend gegenüberstellen könnte. Und obwohl das Leben nicht aus einer Folge transzendenzloser Gegenwartszustände bestehe, vielmehr ein „kontinuierlicher Prozeß der Integration von Vergangenheit und Zukunft" sei (S. 54, diese These ist heute allein schon Ideologie), gäbe es doch keinen Punkt, von dem aus das Leben als ganzes zu überblicken wäre — weder das eigene, noch das des anderen: „Die Innenperspektive, die Perspektive des Erlebens, kann zu so etwas wie einem Ganzen des Gelingens nicht führen. Die Außenperspektive kann, indem sie etwas als Totalität vorstellt, diese gerade nicht selbst als Glück erleben" (S. 88). An dieser Antinomie zerbrächen die diesseitigen Weisheitslehren des Hedonismus und der Selbsterhaltung, und sie hält auch dafür her, den modernen moralischen Materialismus bei Marx zu diskreditieren. Die Paradoxie funktioniert aber nur dann, wenn man gerade vom Entscheidenden des klassischen Eudämonismus absieht, von jenem Charakteristikum, das nicht erst die materialistische Aufklärung im 18. Jahrhundert, sondern schon Montaigne und die französischen und spanischen Moralisten des 17. Jahrhunderts — jene großartigen *Botaniker* der Moral, die Nietzsche so liebte — wieder aufgenommen hatten: die skeptische Weigerung ein Absolutes zu denken, sei es in der Metaphysik oder in der Moral. Nur wenn man hinter diese Reflexionsstufe zurückfällt, die mit der Verendlichung des Denkens auch eine Verendlichung des Anspruchs hervorbringt, kann man Sätze schreiben wie diese: „Marxistische Denker haben versucht, das Ausbleiben der *eudaimonia* als Folge sozialer Verhältnisse zu sehen [... Diese Auffassung] verkennt vor allem, daß die Diskrepanz zwischen dem Traum vom Glück und den Möglichkeiten seiner Verwirklichung anthropologisch-fundamentaler Natur ist" (S. 85). Es gehört zu den gängigen Topoi konservativer Marx-Kritik, denen auch Spaemann folgt, die Marxsche Gesellschaftskritik ausschließlich als säkularisierte

Heilslehre zu interpretieren. Am Anspruch eines imaginären Absoluten gemessen, fällt es freilich leicht, jede reale Verbesserung von Lebensbedingungen als unzulänglich zu diffamieren. Gerade darauf aber kommt es dem Materialisten an, auf ein „Glück“, von dem er weiß, daß es endlich ist, dafür aber real und im Diesseits. Diesem Glück, das alles andere als bescheiden ist, galt schon das Plädoyer eines Epikur, den Marx den „größten Aufklärer des Altertums“ nannte, gegenüber dem Absoluten war er von einer liberalen Gleichgültigkeit. Das drückt sich z.B. in seiner Lehre von den Göttern aus, von denen er sagte, er wäre eher noch bereit an sie und ihre Launen zu glauben, denn an den strengen Determinismus der Physiker. Die antike Eudämonie gab den Menschen keine absolute Hoffnung und Sicherheit. Im Gegenteil, sie zerstörte sie, aber mit dem Glauben an ein Unbedingtes nahm sie ihnen auch die Angst und lehrte sie im Bedingten ein möglichst schönes Leben zu führen. Aristoteles hat es noch ausgesprochen, daß dies von materiellen und politischen Bedingungen abhängt, weshalb nach der Aristotelischen Ethik das Leben eines Sklaven nicht gelingen kann — sowenig wie nach der politischen Ökonomie eines Marx das des Proleten.

Und deshalb ist Marx viel eher der Erbe eines Aristoteles als die mittelalterliche Philosophie, die das Gelingen des Lebens an ein transzendentes Absolutum band und damit die diesseitigen Verhältnisse sanktionierte. Spaemann aber schreibt: „Worin nämlich das Gelingen des Lebens bestehen soll, wenn einmal die wesentlichen Tätigkeiten nicht mehr auf die Beseitigung von Hindernissen gerichtet sind, vermag Descartes sowenig zu sagen wie Marx, dem jenseits des ‚Reiches der Notwendigkeit‘ nur noch das Hobby einfiel“ (S. 94). Die freie Selbstbestimmung des Menschen, die sich jenseits der materiellen Not erhebt und zu der z.B. die künstlerische Produktion gehört, auch die des eigenen Lebens als Kunstwerk, die ist Spaemann nur ein „Hobby“, das er mit Verachtung straft. Er hat es gern schwierig und absolut. (Die Redewendungen „Reich der Notwendigkeit“ und „Reich der Freiheit“ fallen übrigens im dritten Band des Kapitals, wo Marx die Verkürzung der Arbeitszeit diskutiert, nicht irgendeine säkularisierte Parusie.)

Weil die Antike, wie dann erst wieder die Moderne, ihr Glück im Diesseits suchte, es materiell verstand und beschränkt, dafür aber real und nicht als fiktive Erlösung in einem Jenseits, weil sie das wahre Leben nicht nach dem Tode suchte, sondern vor ihm, erklärt Spaemann mit Augustinus das heidnische Glück selbst für fiktiv: „Das Christentum beginnt seine Auseinandersetzung mit der antiken Lebenslehre, indem es den fiktiven Charakter dieser philosophischen Glücksverheißung enthüllt" (S. 100). Jedem, der diesen Satz nicht als Chuzpe empfindet, sei Karlheinz Deschners „Kriminalgeschichte des Christentums" zur Lektüre empfohlen.

Sieht Spaemann also die antike Philosophie im Christentum „aufgehoben", so in der modernen „Ausdifferenzierung des Moralischen" (S. 99) dessen Zerfallsprodukt, das er durch Rückkehr zu mittelalterlichen Ordnungsvorstellungen wieder in einem Transzendenten verankern will. Es ist das „einstellige Gute", das unbezügliche Gute schlechthin, das schon die Sophistik in ein zweistelliges aufgelöst hatte (S. 47), indem sie fragte: „Gut für was? Gut für wen?", welches sich so wieder zeigen soll. Dazu hat der Gedanke abzudanken und in die Knie zu gehen: „Wie können wir das Unbezügliche, das Heilige überhaupt erfahren? [...] Die religiöse Praxis kennt [...] eine Weise der Zuwendung, die die Wirklichkeit als absolute ohne Bezug auf das Subjekt und ohne sprachliche Vermittlung vergegenwärtigt: den Akt der Anbetung [...]. Worin besteht das Sich-zeigen des schlechthin Unbezüglichen, des ‚Absoluten'? Es besteht im Sein desjenigen endlichen Seienden, in dem der Gedanke des unbezüglichen Seins ineins im dem Dank aufgeht" (S. 128). Dieses dösige Versinken in einem ozeanischen Gefühl nennt Spaemann „Erwachen der Vernunft zur Wirklichkeit" (S. 130). Aus ihm ergießt sich angeblich jenes universale „Wohlwollen" über die Welt, das der letzthinige Grund jeder Moral sein soll. Empirisch hat man davon noch nie viel bemerkt und wenn, dann war es selten erfreulich. Denn dieses Wohlwollen hat Struktur. Es ist die Struktur des Augustinischen „ordo amoris", einer sittlichen Stufenordnung des Seins, die ohne die Kosmologie und Sozialordnung, die ihr zugrundelagen, zum blanken Chauvinismus des juste milieu verkommt:

„[Es] ist die Ordnung von Nähe und Ferne eine sittlich relevante Ordnung. Daß — ceteris paribus — die Familie, die

Freunde, die Kollegen, die Nachbarn, die Glaubensgenossen, die Mitbürger einen größeren Anspruch darauf haben, unmittelbares Umwillen unserer Handlungen zu sein als Fernerstehende, Unbekannte, Fremde, muß den letzteren zugemutet werden" (S. 146). Das hätte ein Neo-Republikaner auch sagen können. Hier wird ein durchaus kritikwürdiger empirischer Sachverhalt zum ewigen moralischen Gebot erhoben. „Liebe deinen Nächsten" war immer schon eine Falle, die den einzelnen in der ingroup einschloß und malgré lui dem Fremdenhaß ein gutes Gewissen verschuf. Im mittelalterlichen Ordo war z.B. der Jude der Fremde, der keinen Anspruch auf „amor benevolentiae" (S. 143) besaß. Das hatte innerhalb der christlichen Ideologie seine Logik und in der geschlossenen Dorfgemeinschaft seine Plausibilität. Aber wer ist in einer Großstadt der „Nächste"? Hier hat jeder viele entfremdete Rollen zu spielen, und das ist nicht nur schlecht, denn das schafft Distanz zu sich selber und zur jeweiligen Situation. Hier ist tendenziell jeder einem jeden fremd und muß trotzdem zivilisiert mit ihm umgehen. Das Leben in der „Entfremdung" bewahrt die Menschen vom plumpen Zugriff aufeinander und sie selbst vor ihrer klebrigen „Authentizität". Unter modernen Lebensbedingungen wird die Metapher vom „Nächsten" zur Phrase und zum Schlachtruf der Reaktion. „Abgestorbene Zellen von Religiosität in einer säkularisierten Gesellschaft werden zu Gift" — fast mutwillig scheint Spaemann diesen Satz Adornos bestätigen zu wollen. Sieht man sich nämlich den besungenen „ordo amoris" auf seine Inhalte näher an, so stellt man eine fatale Harmonie mit den politischen Präferenzen der CSU fest.

„‚Nicht wollen was Gott will, sondern das, wovon Gott will, daß wir es wollen' — heißt *ordo amoris*, die Ordnung des Sittlichen" (S. 150). Am Grunde eines moralischen Arguments findet man entweder den lieben Gott oder Herrn Spaemann persönlich. Als dessen Nuntius auf Erden verkündet er, daß das „Gebot der ehelichen Treue" ein „natürliches Sittengesetz" ist (S. 161); daß die „Zwangsernährung von Bewußtlosen" sittlich geboten sei (S. 233) — zu Zeiten eines Hungerstreiks von RAF-Häftlingen liest sich das wie eine Drohung. Mehrmalige Enunziationen gegen die „Legalisierung der Abtreibung" (S. 184,

S. 126 f.) untermauern das Urteil von Memmingen philosophisch, Euthanasie wird umstandslos mit Mord gleichgesetzt (S. 126), ohne zu bedenken, daß damit die camouflierende Naziterminologie ratifiziert wird, da hat das „Dienen [...] seine eigene Würde" (S. 40) und Selbstmord ist ihm mit Wittgenstein „die unsittliche Handlung schlechthin" (S. 120). Er verliert zwar kein Wort über die Entstehung des Eigentums, legt aber ein gutes ein für dessen „Sozialpflichtigkeit" (S. 237 f.), und gegen die urbane Diskursethik Habermas' schreibt er: „Wenn Münsterländer Bauern während des letzten Krieges Juden versteckt hielten, so waren es nicht Diskurse, die sie dazu bewegten, sondern durch christliche Sitte bestärktes Mitgefühl" (S. 176). Daß der Antisemitismus eine genuin christliche Innovation und über Jahrhunderte eine der ausgeprägtesten „christlichen Sitten" war, interessiert ihn nicht. Eher schon eine „menschenwürdige Tierhaltung" (S. 184). Und es klingt wie aus der Festrede auf einer Unternehmertagung, wenn Spaemann mit schwingender Stimme sagt: „Wer gewisse elementare sittliche Erfahrungen nicht gemacht hat, wer nicht ein gewisses Urvertrauen gelernt hat, wer kein Ehrgefühl und kein Schamgefühl besitzt, wer nie die Haltung der Verehrung oder das Gefühl der Dankbarkeit erfahren hat, dessen Teilnahme an einem Normendiskurs wird vermutlich nutzlos sein, ihn nicht fördern, sondern zerstören [...]. Sittliches Handeln ist dasjenige, das jederzeit aus der Präsenz einer Totalität von Sinn lebt. Ohne eine religiöse Implikation ist dieser Gedanke allerdings schwer festzuhalten" (S. 185, S. 201). Weiß Gott. Denn irgendeine Basis in der Wirklichkeit haben diese schönen Worte nicht. Aber sie wirken auf diese zurück. Denn so macht man eben „management by values", nach dem heute ein großer Bedarf besteht, da die Lohnquote zurückbleibt. Für das Verdienst, dafür den gehobenen Etagen die „philosophy" zu liefern, neu verpackt in altes Bildungsgut, gebührt dem Buch das Prädikat „wertvoll".

April 1989

Anmerkungen

[1] Robert Spaemann, Glück und Wohlwollen. Versuch über Ethik, Stuttgart 1989.

Mediale Sittlichkeit oder Die neue Lust auf Tugend

I.

Die Welt ist in Ordnung wie schon lange nicht mehr, zumindest in unseren Breiten. Die Wirtschaft floriert, für die Umwelt gibt's Programme, die Arbeitslosen sind ruhig, sogar Raketen baut man ab. Ein neues Behagen in der Kultur breitet sich aus und Humanismus ist heute fast epidemisch. Es kommt, so sagt man, auf den Menschen wieder an, erstmals sogar in Form beider Geschlechter. Der Heilige Geist kommt periodisch mit der Boeing nieder und seit AIDS ist sogar die Familie wieder schön. Das Posthistoire hat mit der Geschichte sich kurzgeschlossen und tradierte Werte wieder lebendig gemacht. Gewiß liegt noch so manches im Argen, aber das kommt von gestern und ist nicht neu. Neu ist, daß es als Arges erkannt wird und man auf die Kassandren endlich hört — die haben Sitz und Stimme im gehobenen Feuilleton. Ein ökonomisch erstarkter Liberalismus räumt mit den ideologischen „Altlasten" auf, und mit den Restbeständen von Utopie.

Die Häufung von Skandalen ist kein Gegenargument, sondern bestätigt im Gegenteil die These: denn ein Skandal beginnt erst, wenn die Polizei ihn beendet (Kraus), und die ist heute schneller da als früher.

Dr. Pangloß feierte in einer Zeit Triumphe, in der nicht nur die Kunst, sondern auch die Moral von Banken gesponsert wird. Zwar leben wir noch nicht in der besten aller möglichen Welten, aber wenigstens ist der Weg dorthin klar: Er führt nicht über die Kritik der politischen, sondern über die Affirmation der „ethischen Ökonomie", er führt nicht über die Veränderung, sondern über die Moralisierung der Gesellschaft, er führt über die Pädagogisierung, Normalisierung, Normierung und metaphysische Veredelung des Individuums. Man muß die Menschen verbessern, nicht die Strukturen — denn mag die Welt des Kapitals auch ihre Härten haben, so ist sie doch die beste, die es gibt; mehr als die Ökonomen von heute hat auch Leibniz nicht gelehrt, der nie gesagt hat, daß die Welt gut, nur daß sie die beste aller möglichen sei: so hat die Volkswirtschaft die Theodizee säkularisiert.

Die *invisible hand* zeigt einmal mehr ihre Weisheit, nicht nur auf den Güter-, sondern auch auf den Arbeitskraftmärkten, denn endlich kommen auch marginale Berufsgruppen zum Zug: Keine Podiumsdiskussion ohne Moraltheologen, keine Managertagung ohne einen Fachmann für Werte, kein Bankenseminar ohne philosophische Fundierung, kein High-Tech-Programm ohne Ethikkommission, kein Wäscheplakat ohne sittsamen Aufschrei, kein Bürgerprotest ohne besorgten Herrn Pfarrer. Vom Wort „Genet(h)ik" weiß man schon nicht mehr, wie es sich schreibt. Ist dann die Versammlung vorüber, so schwärmen sie aus und halten im Fernsehen Vorträge über den „Sinn".

„Der Mensch, es ist kein Zweifel, wird immer besser" — hat Nietzsche schon vor mehr als hundert Jahren geschrieben; auch damals, im Viktorianismus, hatte die Moralisierung Konjunktur, sie hat den Imperialismus ideologisch begleitet.

Wen oder was begleitet sie heute? Warum hat die Moral wieder Konjunktur? Und ist es eine Konjunktur auf Angebots- oder auf Nachfragemärkten? Wer liefert? Wer kauft? Wer produziert? Und vor allem — wo nehmen sie die Rohstoffe her? Denn die Moral, so sagt man, ist doch eine „knappe Ressource", warum also geht man nicht sparsamer mit ihr um? Wer hat ein Interesse an ihrer Distribution?

Dieses Interesse ist relativ neu. Und nicht nur das: es widerspricht doch scheinbar in eklatanter Weise den Lehren der liberalen Ökonomik, nach deren Prinzipien sich die Wirtschaft heute neu organisiert.

Denn im Unterschied zu den klassischen Tugendlehren hat die moderne Moral ja sehr viel mit Selbstlosigkeit, Solidarität, Rücksicht und, trotz des Kantischen Rigorismus, auch mit Mitleid zu tun, sie begründet und ist zugleich, wie Habermas einmal geschrieben hat, angewiesen auf *entgegenkommende* Lebensformen. Das ist die direkte Negation dessen, was man das Ethos des bürgerlichen Kapitalsubjekts nennen könnte: Nämlich zwar regelgeleitete und insofern korrekte, also gesetzeskonforme, aber im Rahmen dieser Regeln rücksichtslose und aggressive egozentrischeNutzenmaximierung. Ein Kaufmann, ein Industrieller oder ein Manager, der von Mitleid mit seinen Konkurrenten, von Solidarität mit seinen Angestellten oder von Rücksicht auf die Natur sich leiten, der aus Achtung vor dem Kantischen Imperativ sich einen Gewinn entgehen ließe, der wäre nicht anständig, sondern ein Narr. Spätestens bei der nächsten Aktionärsversammlung würde er über seinen Irrtum aufgeklärt und durch Scheitern seiner Existenz auf das wahre Sittengesetz der bürgerlichen Gesellschaft gestoßen, deren kategorischen Imperativ nicht Kant, sondern Marx auf die Formel gebracht hat; auf die Formel: „Akkumuliert, akkumuliert, das ist Moses und die Propheten".

Dieses Ethos des bürgerlichen Kapitalsubjekts soll aber zugleich, so verspricht es die liberale Ökonomik, über die Konkurrenz der Egoismen das allgemeine Wohl befördern, ja es gilt sogar umgekehrt, daß dieses nur durch jene sich herstellt, letztlich also Moral im landläufigen Sinn im Grunde sogar unmoralisch, weil für das Ganze schädlich ist. Und doch wird sie für unverzichtbar erklärt, damit das Ganze nicht in Barbarei versinkt. Moral im bürgerlichen Zeitalter ist also genuin und unausweichlich das, was sie am schärfsten verurteilt: nämlich Doppelmoral. In dem Widerspruch, der ihr inhärent ist, drückt der Widerspruch der Gesellschaft selbst sich aus, ihre antagonistische Struktur; er ist daher moralphilosophisch nicht zu schlichten. Denn während für die Produktionsmitteleigner und ihre beteiligten Spitzenfunktionäre in dieser ihrer sozialen Rolle allein das Prinzip der egozentrischen Nutzenverfolgung für sie selbst und das System als Ganzes rational ist, würde die Ausdehnung dieser Rationalität auf jene, die von ihnen als Angestellte und Arbeiter abhängig sind, den arbeitsteiligen Betrieb zerstören; dessen Organisation zerfiele, wenn die in ihm abhängig Beschäftigten tatsächlich konsequent ihr je eigenes Interesse verfolgten, wie es das Marktprinzip verlangt. Sie müssen daher über eine verlogene Gemeinschaftsrhetorik zur Identifikation mit Interessen gebracht werden, die zumindest unmittelbar ihren eigenen entgegenstehen. Der soziale Kitt der Moral wirkt klassenspezifisch der Anomie entgegen, zu der der Besitzindividualismus von sich aus tendiert.

Über sie bilden sich auch jene sozialen Cluster heraus, und diese halten sich durch sie am Leben, die für die bürgerliche

Gesellschaft unverzichtbar sind und die zugleich ihrem innersten Prinzip widersprechen: Diese reichen von der Solidargemeinschaft der Familie über die „corporate identity" von Firmen bis hin zur Vaterländerei, deren bornierte Nationalismen heute, so hört man, in Europa fusioniert werden sollen. Manche reden sogar von der „Menschheit", als ob es die im Ernst irgendwo gäbe oder es auf das Benehmen des einzelnen ankäme, daß sie sich bilde.

In Zeiten nun, in denen das Kapital sich beschleunigt reorganisiert, neue Technologien und damit neue Organisationsformen der Arbeit eingeführt werden, alte Berufsgruppen verschwinden und neue entstehen, neue Kapitalien und Verwertungschancen sich bilden, andere vernichtet werden, große Teile der Bevölkerung aus den Arbeitskräftemärkten hinausgeworfen und neue in ihn integriert werden, damit aber auch tradierte Verhaltensformen und Werthaltungen zur Disposition gestellt werden, erodiert die zur Hexis gewordene Synthesis der Gesellschaft. Jeder Umbau des gesamtgesellschaftlichen Arbeitsvermögens forciert naturgemäß eine instrumentelle Einstellung des einzelnen zu seiner Arbeit und Reproduktion allein schon dadurch, daß er ein reflexives Verhältnis zu ihnen fördert, und rationalisiert im liberalistischen Sinn sein Verhalten im Sozialen. Dieser gleichsam naturwüchsigen Entmoralisierung der Gesellschaft in Phasen beschleunigter Modernisierung der Produktion, die von der offiziellen Propaganda unterstützt wird, muß daher andererseits, widersprüchlich genug, mit einer Moralisierungskampagne begegnet werden, soll anders die gesamtgesellschaftliche Integration nicht allzu krisenhaft verlaufen: Das Lob des Yuppy erfordert als dialektische Ergänzung das Lob der neuen Mütterlichkeit.

Es ist wohl eher dieser Umbau des gesamtgesellschaftlichen Arbeitsvermögens und die inhaltliche Neudefinition der Marktrationalität als deren schiere Ausdehnung auf bisher noch nicht von ihr erfaßte Sozialbereiche und Bevölkerungsgruppen, die den moralischen Kitt der Gesellschaft aufzehren und brüchig werden lassen; aber natürlich spielt auch diese rein quantitative Seite des Prozesses eine enorme Rolle. Hier wäre insbesondere der rasch wachsende Frauenanteil in traditionell männlichen Berufskategorien zu nennen. Emanzipation heißt vor allem ja auch, was immer es sonst noch alles heißen mag, daß Frauen mit der Aufkündigung angestammter Rollenzuschreibungen auch jene Wesenszüge als angeblich natürliche von sich weisen, die für diese Sozialrollen funktional waren und die üblicherweise mit Moralität assoziiert werden, wie Altruismus, Empathie, Selbstzurücknahme, Pflegebereitschaft etc. Mit Eintritt in gehobene Positionen bilden sie notwendig jene Verhaltensweisen an sich aus, die dort funktional sind und die traditionsgemäß als männliche Charakteristika gelten, also Statuskonkurrenz, Marktrationalität und einen utilitaristischen Individualismus.

Pflegehandeln geht tendenziell auf die Verwaltung über und wird arbeitsteilig organisiert, Sozialarbeit ist ein administrativ vermitteltes Berufsbild, das als solches die Klientel unausweichlich objektiviert und entsubjektiviert.

Helmut Dubiel hat in diesem Zusammenhang der kapitalistischen Durchrationalisierung der Gesellschaft vom Verschließ gleichsam naturwüchsiger Moralressourcen gesprochen und mit dieser Metapher deutlich gemacht, daß der liberalkapitalistische Wirtschaftsprozeß auf traditionale Sinn- und Verpflichtungssysteme als auf soziale Ressourcen ebenso angewiesen ist, wie auf natürliche Rohstoffreserven, und daß er sie ebenso erschöpft; er verbraucht Bestände der zweiten Natur, wie er Bestände der ersten Natur verbraucht, ohne sie von sich aus regenerieren zu können.

Aber das heißt nicht — und insofern scheint mir die Metapher von der „Ökologie der gesellschaftlichen Moral" schief zu sein —, daß sie nicht von anderen Instanzen produziert und distribuiert werden könnten. Die Rede von Moral als „knapper Ressource" sieht von der Tatsache ab, daß sie als soziales Artefakt immer schon etwas Gemachtes ist und nie „natürlich". Gerade der Anklang an Hegels Begriff der „substanziellen Sittlichkeit" sollte an ihren geschichtlichen Charakter erinnern. Wie das „natürliche Bewußtsein" überhaupt bei Hegel, erscheint auch die „substanzielle Sittlichkeit" nur den unmittelbar in ihr Befangenen als „natürlich", in Wahrheit ist sie geschichtlichen Wesens. Und wie andere Traditionsbestände in der Moderne auch, verwandelt Sittlichkeit sich in Folklore, die, ausgehöhlt und ihrer inneren Wahrheit beraubt, als äußerer Schein lebendig gehalten wird — und zwar aus dem gleichen ökonomischen Interesse heraus, das zu ihrer Aushöhlung geführt hat: „Sinn" wird synthetisch hergestellt und an Großabnehmer geliefert, die ihn dann weiterverteilen; „substanzielle Sittlichkeit" wird durch „mediale Sittlichkeit" ersetzt.

Das ist die zynische Wahrheit der Marquardschen Kompensationstheorie, wendet man sie auf die moralphilosophische Debatte an. Die eigentliche Pikanterie liegt aber darin, daß gerade jene, die über ihren Zynismus sich empören, in ihrer Gutherzigkeit die Lieferanten dieses zynischen Gewerbes sind.

Wir haben ja bisher nur die *Nachfrageseite* der neuen Moralität betrachtet; wenden wir uns nun noch kurz der *Angebotsseite* zu, so fällt auf, daß diese ja durchaus nicht nur auf der politisch konservativen Seite zu finden ist, sondern auch an den theoretischen Orten ehemals kritischer Theorie. Nicht nur von den Kanzeln tönt es moralisch, auch die Lehrkanzeln sind heute verstärkt um eine neue Ethik bemüht.

II.

Wie ist es dazu gekommen? Ich kann diese Frage gewiß nicht befriedigend beantworten; nur mit ein paar wenigen Strichen möchte ich meine Vermutung skizzieren, daß philosophische Ethik in genau dem Maße prominent wird, als die Philosophie der Geschichte an Glaubwürdigkeit verliert.

Vor mehr als 40 Jahren schrieb Merleau-Ponty in Auseinandersetzung mit dem stalinistischen Terror, den A. Koestlers ‚Sonnenfinsternis' auf die Tagesordnung westlicher Intellektuellendebatten gesetzt hatte, in seinem großen Essay ‚Humanismus und Terror': „[Die Diskussion] besteht nicht darin zu untersuchen, ob der Kommunismus die Spielregeln des liberalen Denkens einhält (zu offensichtlich ist, daß er das nicht tut), sondern ob die Gewalt, die er ausübt, revolutionär ist und fähig, zwischen den Menschen menschliche Beziehungen herzustellen. Die marxistische Kritik der liberalen Ideen ist so stark, daß man, falls der Kommunismus im Begriff wäre, durch die Weltrevolution eine klassenlose Gesellschaft zu errichten, in der gleichzeitig mit der Ausbeutung des Menschen durch den Menschen auch die Ursachen für Krieg und Dekadenz verschwunden wären, Kommunist sein müßte [...]. Ist der Kommunismus seinen humanistischen Absichten gewachsen? Das ist die wirkliche Frage."

Kein Mensch würde heute mehr so schreiben oder reden. Eine abschlägige Antwort auf Merleau-Pontys Frage scheint uns heute so gewiß, daß schon das Stellen der Frage lächerlich wirkt; damit aber auch das instrumentelle Verhältnis zur Gewalt und die Auflösung der Moral in Politik fast obszön. 1947 aber, zu Beginn des Kalten Krieges, konnte Merleau-Ponty die Frage der Moral noch als eine offen politische stellen, d.h. er diskutierte sie im Rahmen eines geschichtsphilosophischen Entwurfs. Doch *daß* er sie überhaupt diskutierte, sie nicht einfach mit Marx den ideologischen Formen zuschlug, indiziert allein schon ein Brüchigwerden teleologischer Gewißheit, welche das Handeln Gletkins *und* Rubaschows in Koestlers Roman noch bestimmt hatte. Die Tragik des letzteren besteht ja darin, daß er sich selbst verurteilen muß nach seinen eigenen Prinzipien, weil er durch politischen Irrtum von der richtigen Linie abgewichen war. Moral kommt so nur ex negativo ins Spiel. Dem Funktionär und Militanten, der sich als Exekutor einer geschichtlichen Tendenz versteht, ist die Moral in die Transzendentale und in die historische Transzendenz zugleich gerutscht; als Regulativ empirischer Praxis wird sie tendenziell außer Kraft gesetzt: die bestimmt sich nach strategischen Kalkülen, so wie es immer schon die seines Gegners tat, der auch das moralische Gebot zum taktischen Einsatz brachte. Sie geht allerdings als *Impuls* seinem Handeln voraus, das seinerseits einen Zustand herstellen soll, der als in sich sittlicher des moralischen Regulativs nicht mehr bedarf — was allerdings den Bruch gegebener Strukturen impliziert und also die Anwendung von Gewalt nicht ausschließt.

„Wenn das Böse und das Gute wieder in die Zeit eingegliedert und mit den Ereignissen verschmolzen werden, dann ist nichts mehr gut oder böse, sondern nur verfrüht oder veraltet. Wer entscheidet über die Opportunität, wenn nicht der Opportunist?", schreibt Albert Camus gegen Merleau-Pontys historische Relativierung der politischen Moral. Die Figur des „Opportunisten“ ist sehr diskreditiert, und auch Camus verwendet die Bezeichnung „Opportunist“ in einem pejorativen Sinn. Doch jeder Politiker ist ein Opportunist, wenn er nicht entweder dumm ist oder ein Phantast; aber dann ist er ja auch kein Politiker, sondern entweder ein ideologischer Missionar oder ein politischer Fanatiker. Für den rigorosen Moralisten ist pragmatische Politik immer unmoralisch, aber sie ist es auch für den, der unter Politik die Exekution eines historischen „Sinns“ versteht. Jene, die, wie es so heißt, „Geschichte machen“ wollten, negierten die konkrete Moral, doch im Namen einer desto strengeren abstrakten. Diese Dialektik hat Camus gemeint, als er im gleichen Text, in ‚L'Homme révolté‘, die Sätze schrieb: „Das geschichtliche Denken sollte den Menschen von seiner Unterwürfigkeit unter Gott befreien, doch verlangt diese Befreiung von ihm die vollständigste Befreiung unter das Werden. Dann rennt man zum Parteibüro, wie man sich vor dem Altar niederwarf. Aus diesem Grund bietet die Epoche, die sich als im schäfsten Aufstand zu bezeichnen wagt, nur die Wahl zwischen mehreren Konformismen.“ Und deshalb lautet der Originaltitel von Koestlers Roman auch nicht ‚Sonnenfinsternis‘, sondern im verschollenen deutschen Original ‚Circulus vitiosus‘ — denn aus der Logik des geschichtlichen Urteils gibt es kein Entkommen, weil es das moralische, das man gegen es ausspielt, selber ist, in äußerst radikalisierter Gestalt. Nur ein Schuß Korruption kann den Zirkel sprengen, die daher, in homöopathischen Dosen, eine notwendige Voraussetzung ist von Humanität.

Spätestens seit 1789 beruft der Revolutionär sich darauf, daß er wahre Rechtsverhältnisse erst herstellen will und daß er die Gewalt nicht erfunden, sondern vorgefunden hat und gegen ihre eigentlichen Urheber kehrt. Paradigmatisch steht dafür Saint-Just, der den Terror als Mittel zur Tugend empfahl (in der Rede zu den Ventôs-Dekreten z.B.), und natürlich vor allem Robespierre, der in seiner großen Rede „Über die Prinzipien der politischen Moral“ den Schrecken geradezu zum Ausfluß der Tugend erklärte („er fließt aus der Tugend“, wie er sagt). Da diese Männer selbst aus Tugend heraus handelten, war dieser Schritt nur konsequent, denn der Tugend ist, wie Hegel schreibt,

„das Gesetz das Wesentliche, und die Individualität das Aufzuhebende". Ihre abstrakte Gewalt abstrakt zu verwerfen, wie es die konventionelle Moral verlangt und heute Mode ist, heißt mit ihrem Mittelcharakter das Ziel verurteilen, das in der Abschaffung gewaltförmiger Verhältnisse liegt. Mit anderen Worten, die Amoralität des politischen Militanten ist nur die zu Ende gedachte Moralität selbst.

Jedes politische Handeln ist unausweichlich praxis und poiesis zugleich, Umgang mit Menschen als Subjekten und deren Degradation zum Material. Wer es auf praxis reduzieren und moralisch „binden" will, ist entweder ein Heuchler oder er weiß nicht, was er sagt. Den Anderen niemals *nur* als Mittel zu gebrauchen, wie es in einer seiner Fassungen der Kantische Imperativ verlangt, heißt zugeben, daß er immer *auch* Mittel ist, und je weiter der angestrebte Zustand vom gegenwärtigen entfernt ist, desto stärker tritt dieses Moment hervor. In dem Maße, in dem das Handeln sich selbst als historisches versteht, hebt es das moralische Urteil im politischen auf.

Gegen die abstrakte Tugend der bürgerlichen Revolution hat sich die nach-kantische Philosophie gewandt. Das revolutionäre Handeln sucht nun seine Rechtfertigung in der Geschichtsphilosophie, nicht in den zeitlosen Geboten der Moral, die es umgekehrt zum ideologischen System erklärt und seinerseits dem strategischen Kalkül unterwirft. Aus dem Himmel der Ideale herabgeholt, wurde Moral erkennbar als das, was sie seit je gewesen ist: als Schmiermittel der laufenden Ereignisse. Denn ihre reinen Prinzipien haben sich nicht nur immer schon mit der je bestehenden Macht arrangiert, sondern sie auch als ihren Existenzgrund vorausgesetzt. Und indem sie diese als Gewalt in Latenz hält, rechtfertigt sie sich selbst über ihre pazifizierende Funktion. So ist sie die Maske der Funktionäre und aller Personalchefs, die ihre Angestellten gern, wie es bei Kracauer heißt, „moralisch rosa" haben. Die Sorge um das Menschliche überhaupt ist so lange eine konservative Kriegsideologie, als sie sich nicht um die spezifischen Bedingungen sorgt, unter denen das Humane real wird.

Und gerade deshalb hat sie heute wieder Konjunktur. Denn in dem Maße, als die Hoffnungen der Geschichtsphilosophie enttäuscht worden sind, wurden die historischen Fühler eingezogen, entdeckte man wieder das Recht der nächsten Dinge vor den übernächsten, richtete sich im Bestehenden ein und erklärte Ethik zur „Lehre vom richtigen Leben im Falschen“ (Spaemann).

Als um die Mitte des Jahrhunderts Merleau-Ponty die Dialektik von Humanismus und Terror diskutierte, tat er dies noch in einem historischen Horizont. Doch gerade weil dieser Horizont sich schon verhängte, wurde die politische Moral zum Problem. Gewiß kritisierte Merleau-Ponty die Moral noch politisch, aber nur, weil er die Politik schon in der Moral fundierte. Das gilt erst recht für die existentialistische Marx-Interpretation Sartres, die den Intellektuellen zum „Engagement“ verpflichten will — auf seiten des Proletariats als Klasse, die zu dieser Zeit schon politisch, wenn auch noch nicht ökonomisch in Auflösung war. '68 fand zwar nicht gänzlich ohne es statt, doch blieb es in seinem Elan weit hinter dem zurück, was die „enragés“ in die Situation projizierten. Es war eine Rebellion, die sich als Revolution kostümierte, ein moralischer Protest in politischen Kategorien. H.-J. Krahl hat als ihr reflektiertester Kopf dieses moralische Motiv auf den Punkt gebracht, als er seine Rede im Senghor-Prozeß 1969 hier in Frankfurt mit den Blochschen Worten schloß: „Warum sind diejenigen, die es nicht nötig haben, zur roten Fahne übergelaufen? Es ist die sich tätig begreifende Menschlichkeit.“

Da haben wir sie also wieder, die Menschlichkeit, diesmal auf der politisch anderen Seite. Dieses „Herzklopfen für das Wohl der Menschheit“ aber hat, wie schon Hegel in der ‚Phänomenologie‘ notierte, die fatale Neigung umzuschlagen in die „Raserei des Eigendünkels“. Die Geschichte der 70er Jahre hat die Wahrheit dieser These gezeigt. Tatsächlich waren jene, die sich in der Nachfolge Marxens als Materialisten verstanden, meist nur moralistische Idealisten, die den Materialismus in eine abstrakte Idee transformierten und aus Moral zur Geschichte überliefen, die dann die Moral zerstörte.

Die Marxsche Theorie hatte noch auf die gesetzt, die es aufgrund ihrer Lage „nötig haben“, Marx spekulierte nicht auf Moral, sondern auf „Einsicht in die Notwendigkeit“, die ihm geschichtsphilosophisch gesichert schien und die heute desavouiert ist.

Diesen Zerfall des historischen Bewußtseins, die zunehmende Moralisierung der Theorie, hat die Kritische Theorie nachgezeichnet, indem sie ihn thematisierte, aber auch, indem sie in ihrem Verlauf selbst dessen Ausdruck war. Das Spätwerk Adornos ist die Kippe, Geschichtstheorie und Ethik zugleich, wobei jedes der beiden Momente das andere bedingt. Was nach ihm kam, war die Diskursethik, als Neuauflage des Transzendentalismus ahistorisch bis in die Knochen und Auflösung des realen Widerspruchs im verbalen, die Apologie des Geredes, des Geredes überhaupt, ohne Rücksicht darauf, *was* geredet wird, mit anderen Worten, die Apologie der Phrase „sans phrase".

In diesem Versuch einer Sinnaufladung des Sinnlosen trifft sich heute die Kritik mit dem Konservativen bei ihrem Bemühen um eine philosophische Fundierung der Moral.

Denn „sittliches Handeln" schreibt R. Spaemann, „ist dasjenigen, das jederzeit aus der Präsenz einer Totalität von Sinn lebt".

Die Wirklichkeit aber beginnt in genau dem Augenblick, da der Sinn zerfällt und umgekehrt ist nichts so mörderisch und destruktiv für die „Wirklichkeit", wie die Verbindung von Idealismus und Moral in der Politik. „Wer Abstraktionen in der Wirklichkeit geltend macht, zerstört Wirklichkeit" — dieses Diktum Hegels trifft jeden Rigorismus, sei er moralistischer, sei er utopistischer Natur. Wer das Absolute sucht, mag zusehen, wo er es findet. Dazu sind die Kirchen da. Die Politik aber spielt sich im Relativen ab und führt immer dann zu Katastrophen, wenn sie Ideale verwirklicht und moralisch rein bleiben will. Wie jedes Handeln braucht auch das politische Prinzipien, doch nicht zu viele und nur als allgemeines Regulativ: eines Opportunismus in Aktion bei der Durchsetzung von Interessen. Moral ist etwas für die kleinen Leute ...

Juni 1989

Natur als Projekt
Warum es so schwierig ist, ein Grünes Programm zu schreiben

Für C.

Naturpolitik und Diskussionskultur

Freda Meissner-Blau kennt ihre Basis, Herrn Klaus Nüchtern kennt sie nicht. Sie kennt auch die Grenzen des Wachstums, ihre eigenen kennt sie nicht. Mich kennt sie — aus einer Zeit, da ihr „Umwelt" noch kein „Anliegen" war. Vielleicht verschafft mir das Legitimation in ihren Augen, ein paar Worte zu verlieren zu Problemen der Grünen Programmdebatte, auch wenn mir das Initiationserlebnis in der Au persönlich erspart geblieben ist. Und schließlich hat man mich auch gefragt, als sogenannten „unabhängigen Experten".

Vorgestellt wurde diese Debatte von Sonja Puntscher Riekmann, der Regisseurin des Unternehmens, in ‚Falter' Nr. 25/1989. In der gleichen Ausgabe findet sich zum Thema auch eine Auseinandersetzung des Geschäftsführers der Grünen, Johannes Voggenhuber, mit Joschka Fischers programmatischem Buch ‚Der Umbau der Industriegesellschaft', eine Reportage aus dem politischen Alltag der sogenannten „Basiswappler" (ein Funktionärszynismus übrigens, der in anderen Parteien schon eher selten ist), sowie eine kritische Analyse von Natur als ideologischer Basis grüner Politik, höflich und distanziert geschrieben von dem Wiener Philosophen Rudolf Kaspar.

Diese „Grünen Aussichten" (so der Titel der für die Umwelt des Inlands so schicksalhaften Falter-Ausgabe) runden sich zum Sittenbild, verfolgt man die Leserbriefe von Meissner-Blau in den folgenden Nummern. Die Aktivistin findet es verdrießlich, und ist mit dieser Meinung sicher nicht allein, daß ein paar Leute sich Gedanken machen zu dem, was die „Grüne Alternative" programmatisch eigentlich will, nicht welche Aktionen sie morgen vorhat oder was sie demnächst wieder moralisch zu sanieren gedenkt, sondern welche Wirtschafts- und Sozialordnung sie sich vorstellt, zumindest in groben Zügen. Aus Natur folgt keine Politik, das hat Kaspar überzeugend dargelegt. Aber folgt auch keine aus dem Natur*begriff?* Einzelkonzepte gibt es viele, aber fügen sie sich zu einem Bild? Und sollen sie das überhaupt? Strebt man einen wie immer definierbaren Zustand an (die Rede von der Homöostase mit der Natur legt das nahe), einen neuen Menschen, eine Gefühlskultur? Oder nur die Einhaltung der Gesetze und ein paar Novellen? Alle Welt redet heute von Identität, gibt es so etwas wie eine grüne? Und wenn es sie gibt, entspringt sie allgemeinen Interessen oder speziellen, und sind die in Harmonie? Welche Gruppen spricht man an und wie? Was heißt vor der Ökologie noch links, was rechts? Als bloßes Sammelbecken unzufriedener Bürger ist man bald auch das nicht mehr, denn irgendwann erschöpft sich auch das Interesse am letzten Skandal. Und daß es immer fünf vor zwölf ist, glaubt nach ein paar Jahren niemand mehr. Schließlich will man bald auch koalieren, sonst erhält man nie die erforderliche „Macht" um „seine Ideen umzusetzen", und dann sollte man doch wissen, wer man ist und was man umsetzen will. Die „Rettung des Lebens auf diesem Planeten" ist zwar gewiß ein hehres Ziel, unterscheidet einen an sich aber nicht von den Mormonen. Man wird sich doch auch fragen wollen, unter welchen Bedingungen man als Geretteter dann lebt. Das werden wiederum soziale sein — oder unsoziale. Die Menschen leben in Gesellschaft und nicht in Natur, auch dann, und gerade dann, wenn diese, wie es heißt, stirbt.

Daß deshalb für eine Partei, die wesentlich aus einer Ökobewegung entstand, die Klärung ihres Naturbegriffs kein Schaden wäre, sollte sich eigentlich von selbst verstehen; dies umso mehr, als diese Partei in ihrer pränatalen Phase sich um einen Altnazi wie Konrad Lorenz scharte, dessen Naturbegriff ihn 1940 „die noch schärfere Ausmerzung ethisch Minderwertiger" (O-Ton Lorenz 1940) verlangen ließ und der dann aufgrund des gleichen Begriffs in Hainburg die Welt untergehen sah; deshalb hat man ihn zur Gallionsfigur gemacht und das „Volksbegehren" nach ihm benannt, aus dem dann später die Partei entstand. Viele der Aktivisten haben damals nicht gewußt, hinter wem sie eigentlich marschierten, aber ihre Führer, die wußten es genau. FMB weiß auch heute, was sie will, und mindestens ebenso genau: nämlich „das Industriesystem um fast jeden Preis zerstören, bevor es unsere Welt und uns mit ihr zerstört" — schon das Possessivpronomen verrät die petite bourgeoise. Sie hat was gegen „Technofixe", aber im Denken ist sie fix. Denn mit diesem Überlebensprogramm, so sagt sie, habe die „Ökobewegung im weitesten Sinn die Nachfolge der Arbeiterbewegung angetreten", weshalb sie von der Programmarbeit eine Art kommunistisches Manifest erwartet, im weitesten Sinn, versteht sich. Wegen solcher Sprüche erschien Leuten mit engerem Sinn das „alternative Denken" immer schon als Alternative zum Denken, und deshalb gibt es bis heute kein Programm.

Die Ökomoderne

Aber nicht nur deshalb. Die Schwierigkeiten, die sich der Programmarbeit entgegenstellen, liegen zutiefst in deren Anspruch auf Formulierung eines Grundsatzmanifests begründet, denn ein solches muß, wie ich zeigen möchte, in gleichem Maße aporetisch werden, als es dem Doppelanspruch grüner Ideologie und pragmatischer Umweltpolitik in radikaler Weise gerecht zu werden versucht.

In Umrissen zumindest kann man das Problem sich deutlich machen anhand einer Diskussion von Joschka Fischers Buch ‚Der Umbau der Industriegesellschaft' und Voggenhubers Kritik an ihm. Denn dieses Buch hat durchaus programmatischen Charakter mit sehr hart und klar formulierten Maximen für eine aggressive Umweltpolitik, mit Maximen, die allerdings in einem unstrukturierten Datenhaufen und in dem üblichen Wust von aufgeregten Phrasen sich verstecken, welche die ökologistische Literatur ebenso unerträglich machen, wie die Zustände, die sie beschreibt.

Wie rezensiert nun der Geschäftsführer der österreichischen Grünen dieses Elaborat seines bundesdeutschen Parteifreundes? Er lobt den Haufen und den Wust, sogar der unsägliche Stil des Machwerks findet seine Nachsicht; die Maximen tadelt er, doch mißversteht er sie gründlich in ihrem ideologisch-praktischen Gehalt. Am politischen Witz der Sache schreibt er vorbei. Er verurteilt Fischers Pragmatismus, aber er sagt nicht, was ihm entgegenzusetzen ist. So verschmiert er alle Positionen.

Voggenhuber meint, „das Buch von Joschka Fischer ist in Wahrheit ein Buch ohne Autor". Zugleich klopft er dem nichtvorhandenen Autor für seinen „galligen Witz" und seine „deftige Sprache" auf die Schulter und zeigt sich angetan von dem „wilden Stakkato dieser umweltpolitischen Schreckensliste [...] vom Müll bis zur Energiepolitik, vom Verkehr bis zur kippenden Nordsee, vom Boden- und Waldsterben, bis zur Vergiftung des Grundwassers".

Dann aber schreibt er: „Wirkt die hemdsärmelige Art der Abrechnung mit der derzeitigen Umweltpolitik drastisch und aufrichtig, so wird der grüne Haudegen reichlich hilflos, versucht er sich an ideologischen Fragen [... Denn] wer darauf hofft, im Streit zwischen ‚Realos' und ‚Fundis' von Joschka Fischer eine Darstellung grüner Realpolitik zu erhalten, deren Handlungswille sich ebenso auf konkrete Einsichten wie auf eine Vision der Zukunft stützt, ohne mit den Beilen neuer und alter Dogmen zu fuchteln, aber auch ohne zu vulgärem Pragmatismus zu verkommen, der wird im zweiten Teil des Buches gründlich enttäuscht. Anstelle einer ‚Realpolitik' erhält man einen mühsam aufgeputzten ‚Überlebenspragmatismus'."

In einem hat Voggenhuber recht: Das Buch hat wirklich keinen Autor. Aber er hat in diesem Punkt nicht deshalb recht, weil es sich hier bloß um ein Ready-made aus rasch zusammengeschaufelten Daten und Informationen handelt, ohne Struktur und begriffliche Ordnung, gleichsam um die x-te Regionalausgabe von ‚Global 2000'; um die übliche Warnungs- und Erwekkungsprosa auf schlecht gebundenen Seiten, die zum Glück ihr Recycling schon beim Aufschlagen selbst besorgen.

Das Buch hat keinen Autor, weil es viele hat; nicht nur als Datenlieferanten, sondern weil die ideologischen Aussagen und strategischen Imperative, die, wie marktschreierisch und plump immer formuliert, in seinem zweiten Teil sich finden, nicht nur die persönliche Meinung eines „in ideologischen Fragen reichlich hilflosen Haudegens“ darstellen, sondern eine kollektive politische Position zum Ausdruck bringen, die erst nach langen und heftigen Debatten sich durchgesetzt hat: Es ist die Position des „Realo“-Flügels der deutschen Grünen. Der Pragmatismus, den Fischer vertritt, mag vulgär sein; hilflos ist er nicht. Er verfolgt ein sehr realistisches Modernisierungsprogramm für die deutsche Industrie. Die Ökologie dient ihm dafür als Hebel. Indem Voggenhuber darauf nicht eingeht, weil er es nicht sieht, oder weil er es nicht sehen will, weicht er einer entscheidenden politischen Grundsatzfrage aus, die sich auch den österreichischen Grünen stellen wird.

„Der Kapitalismus hat gewonnen, der Sozialismus hat verloren [...], der westliche Kapitalismus hat die historische Auseinandersetzung gewonnen, unwiderruflich“, erklärt Fischer bündig, denn „die Analyse der ökologischen Krise zeigt, daß deren Lösung nur noch im Rahmen und mit den Instrumenten der kapitalistischen Marktwirtschaften stattfinden kann [...]. Der alte linke Antikapitalismus ist tot, der neue Ökologismus wird quer zu den alten Klassenfronten zwischen Lohnarbeit und Kapital verlaufen [...]. Der Sieger dieser historischen Auseinandersetzung wird also von einem Klassen- zu einem Gattungsstandpunkt übergehen müssen.“ Was ist da unklar oder „widersprüchlich“, wie Voggenhuber meint? Logischer und klarer geht es gar nicht von einem radikal ökologistischen Standpunkt aus: Hier wird, wie eh und je, die Beschwörung einer kollektiven Bedrohung zur Herstellung eines klassenübergreifenden ideologischen Kollektivs verwendet. „Ich kenne keine Parteien mehr, ich kenne nur noch Deutsche“, sagte Wilhelm II. bei Ausbruch des Ersten Weltkriegs. „Ich kenne keine Klassen mehr, ich kenne nur noch die Gattung“, sagt Exminister Fischer bei Ausbruch der ökologischen Krise. Damals war es die Entente, heute ist es das Ozonloch, wogegen „die Bürger“ sich zusammenschließen und kollektiv zur Wehr sich setzen müssen. Ihr Partialinteresse hat vor dem Allgemeininteresse zurückzutreten und letztlich in ihm aufzugehen, weil dieses jenes an Bedeutung unendlich überragt. Gewiß hat jedes Partialinteresse an dem des allgemeinen Anteil, sonst wäre die Identifizierung nicht möglich, aber das ist bei verschiedenen in verschiedenem Maße der Fall. Jenes Partialinteresse, das sich mit Fischers allgemeinem am besten deckt, ist das des technologisch am weitesten fortgeschrittenen Kapitals; jenes Kapitals, das seine Profite nicht in der Befriedigung der Bedürfnisse von gestern, sondern der von heute sucht, die nicht zuletzt durch die Befriedigung der von gestern entstanden sind: es ist die „gesunde Umwelt“, die industriell produziert werden soll. Die Industrie von gestern hat die Umwelt ruiniert, die Industrie von morgen wird eine neue liefern, die vielleicht besser ist, als die von gestern war: „Ohne eine ‚unternehmerische Linke‘, die einen ökologischen Umbau nicht nur will und trägt, sondern die ihn auch praktisch mit der Entwicklung eines zunehmend wachsenden Umweltsektors in der Volkswirtschaft realisiert und damit ihre Gewinne macht, wird es niemals zu einer erfolgreichen praktischen Politik des ökologischen Umbaus der Industriesysteme kommen.“ Wieso diese Unternehmer „links“ sind, weiß vermutlich nur Fischer, weil ihm der Begriff nichts mehr sagt, aber eines sind sie sicher: nämlich dynamische Figuren, die wissen, wo der Markt und auch die Subventionen von morgen zu finden sind. Gewiß sind sie bis heute nur wenige, aber „dei ex machina“, wie Voggenhuber meint, sind sie nicht. Um ihnen auf die Sprünge zu helfen, definiert Fischer es als „originäre Aufgabe der Politik, sowohl die wirtschaftlichen Rahmenbedingungen umweltgerecht zu verändern, als auch die zahllosen wirtschaftlichen Einzelentscheidungen der Unternehmen in Richtung Umwelterhaltung mit ordnungs-, finanz-, wirtschafts- und industriepolitischen Mitteln zu lenken“. Voggenhuber sieht hier einen Widerspruch zu dem von Fischer andernorts vertretenen marktwirtschaftlichen Prinzip, doch mit diesem Widerspruch lebt die Rüstungsindustrie schon lange, und sehr gut.

Auch ist es keineswegs „politische Mystik“, wie Voggenhuber meint, wenn Fischer einen „unverhohlenen Ruf“ von Wirtschaftsmanagern „nach festen politischen Vorgaben, nach klaren staatlichen Rahmenbedingungen“ zu vernehmen meint, denn schon der bürgerliche Rechtsstaat war einmal die Antwort auf diesen Ruf und man kennt seine Gründe spätestens seit Max Weber.

Wo Voggenhuber nur einen „mühsam aufgeputzten (mit was eigentlich?) Überlebenspragmatismus“ erkennen kann, liegt tatsächlich ein aggressiv antisozialistisches, wahrhaft zukunftsorientiertes Erneuerungsprogramm für die deutsche Industrie vor. Das mag heute bei dieser selbst fast nur Gegner haben, weil das Kapital ja auch technologisch gebunden ist. Unrealistisch ist es deshalb nicht — der Unterbau wälzt sich eben, wie man weiß, langsamer um als der Überbau. Der politische Konflikt des Programms mit dem Kapital ist im wesentlichen nur einer über die mögliche Innovationsgeschwindigkeit — Fischer drängt auf raschere Modernisierung. Und von dem Versprechen auf Extraprofite kann tatsächlich auch die Umwelt profitieren. Fischer Programm ist nicht radikal, sondern rabiat — und gerade deshalb hat es Aussicht auf Erfolg.

Ihm liegt die triviale, aber in „grünen" Kreisen ungern gehörte Erkenntnis zugrunde, daß es *keine ökologischen Grenzen des Wachstums gibt;* denn Wachstum in politisch relevantem Sinn ist eine ökonomische Kategorie, keine physische, sie bemißt sich in Wertbegriffen, nicht nach physikalischen, chemischen oder biologischen Parametern. Voggenhubers Rezension verfehlt gerade diese Pointe, aus der heraus Fischer seine polit-ökonomischen Prinzipien gewinnt. Entschlossen macht dieser aus der ökologischen Not eine ökonomische Tugend. Er formuliert eine Umweltpolitik als Wachstumspolitik, welche aus der Bearbeitung der Schäden des bisherigen Wachstums ihre stärksten Impulse für weiteres Wachstum bezieht. Damit wird nicht nur den Umweltstandards geholfen, sondern auch der Profitrate des Kapitals; synergistisch wirken sie wechselseitig ihrem tendenziellen Fall entgegen. So wird tatsächlich der Reproduktionskreislauf langsam zirkulär geschlossen, wie frühe Grüne es erhofften, nur nicht als Homöostase mit der Natur, sondern als ökonomischer Prozeß: er löst sich los von seiner Abhängigkeit vom individuellen Endverbrauch. Das hätte ein Großprogramm zur ökologischen Sanierung, zum „Umbau der Industriegesellschaft", wie Fischer es verlangt, akkumulationstheoretisch mit anderen staatlich angekurbelten Wirtschaftsprogrammen gemein, die sich auch nur äußerlich-ideologisch über einen „kollektiven Gebrauchswert" legitimieren, wie etwa im Bereich der Infrastruktur oder in dem der Rüstung; nur geht es in seinem Umfang weit darüber hinaus und läuft unter einer anderen Ideologie.

Rein ökonomisch ist nicht einzusehen, warum nach dem Scheitern von SDI bei vollkommen veränderter ideologischer Lage (die Bedrohung kommt nicht mehr aus dem Osten, sondern von oben, durch das Ozonloch) ein künftiger amerikanischer Präsident nicht ein „STE“ („Save The Earth“)-Programm verkünden und in Abstimmung mit ökoprogressiven Fraktionen der Industrie einige zig-Milliarden an Subventionen dafür aufbringen könnte. Vielleicht ist sogar eine Umschichtung möglich. Ob SDI oder STE, verdienen kann man an beidem, dem Kapital ist der Gebrauchswert, den es liefert, egal, es ist nicht von sich aus bösartig, es muß sich nur vermehren. Es liefert ebenso gern Katalysatoren wie Laser, es kommt nur auf die Nachfrage an. Und es braucht natürlich Zeit sich umzustellen auf neue Technologien; und dafür wiederum Forschungssubventionen.

Da also nach „Schutz der Umwelt“ heute ein riesiger, wenn auch ökonomisch noch latenter Bedarf besteht, wird es die Aufgabe nationaler und internationaler Wirtschaftspolitik sein, durch entsprechende Programme auch gegen die Widerstände der technologisch konservativen Fraktionen der Industrie, die heute noch die Mehrheit bilden, dessen Transformation in zahlungskräftige Nachfrage zu initiieren.

Genau das hat Fischer erkannt, und mit ihm der Realo-Flügel der deutschen Grünen: *„Umwelt“ ist eine Wachstumsbranche. Die langfristig verläßlichsten Wachstumspfade des Kapitals führen zur Ökoindustrie.* Es sind sind dies heute gewiß nicht die steilsten und es sind auch verschlungene und zumindest am Anfang politisch sehr dornenvolle Wege, aber sie können zu einem sehr effizienten Umweltschutz und zu einem sehr leistungsstarken Potential für eine rationale Umweltgestaltung führen. Die Katastrophenrhetorik der Grünen ist ein wichtiger Beitrag dazu, diese Wege steiler und damit verlockender zu machen. Eine aggressive, rigoros unter den Primat der Ökologie gestellte Politik zur Verbesserung der „Umweltstandards“ führt daher gerade nicht zu einer „Zerstörung des Industriesystems“, sondern zu dessen Ausbau und Modernisierung. Wenn Fischer in einem ‚Zeit‘-Interview sagt, daß diese Politik den „entscheidende[n] Bruch mit der industriellen Tradition“ einläuten werde, so übertreibt er. Er ist eben ein Oppositionspolitiker. Sein

„Umbau der Industriegesellschaft" verlangt allenfalls einen Knick in der technologischen Entwicklung, und der ist „machbar" — und zwar auf Druck von anderen Parteien auch, ja in Zukunft, aufgrund der Machtverhältnisse, vermutlich sogar besser; denn ein „Gattungsinteresse" vertreten die allemal, und das der Wirtschaft auch. Die „Grünen" sind nur die Avantgarde, keine „Alternative".

Schönheit und Trauer

Aber haben jene, welche die Grüne Bewegung von Anfang an trugen, nicht ganz etwas anderes im Sinn gehabt? Träumte man nicht von einem ganz anderen Umgang mit Natur? Man wollte doch nicht nur die „Standards" verbessern, die ja wieder auf ein naturbeherrschendes und normierendes Subjekt sich beziehen. Man wollte doch einen Umgang mit Natur, der sie nicht wiederum zum Objekt verdinglicht, sondern sie in ihren eigenen Rechten respektiert. Ging es nicht auch um ein Naturrecht als Recht der Natur? Und ging es nicht auch um ästhetische Fragen, hat man sich nicht auch gegen die Verhäßlichung der Welt gewehrt, wollte man nicht auch ein ästhetisches Verhalten, das Natur in ihrer Erhabenheit und Schönheit, auch in ihrer Fremdheit und in ihrem Schrecken anerkennt? Ging es nicht auch um Liebe und Zärtlichkeit zu ihr? Träumte man nicht fast von mimetischer Kommunikation mit Natur als etwas Heiligem? War da nicht sehr viel Franziskanisches, Eichendorffisches, auch Heideggersches im Spiel? Man wollte nicht die industrielle Verbesserung der Natur, man wollte sich vom „Herrn der Erde" in den „Hirten des Seins" (Heidegger) verwandeln; und nun werden auch noch die Hirten motorisiert.

Wenn man Arbeit sagte, dann meinte man nicht High-Tech und Prozeßsteuerung, sondern eine symbiotisch-gartenhafte Produktionsweise, man meinte die „Humanisierung der Natur und die Naturalisierung des Menschen" (Marx), und in den höchsten Momenten träumte man von einem friedlichen, klassenlosen Gesellschaftssubjekt, das in liebender Vereinigung mit einer aus ihrem Schlaf erweckten „natura naturans" einen neuen

Menschen zeugen sollte, für eine neue Kultur. Und nun haben wir es wieder mit „natura naturata“ zu tun, mit „Klotzmaterie“, wie Ernst Bloch gesagt hat.

Denn eines ist klar: Auch wenn eine effiziente Ökoindustrie die Umweltstandards verbessert, so wird sie dies nur tun können auf Grundlage des gleichen, in der Maschinerie gegenständlich gewordenen, verdinglichenden Denkens, das schon bisher die gesellschaftliche Praxis bestimmte, auch wenn jenes nun andere Zielvorgaben hat und ökologisch aufgeklärt ist; denn um sich ökologisch aufzuklären, wird es der Natur auch noch ihre letzten Geheimnisse entreißen müssen. Genau das wollte man verhindern, aber genau das muß man tun. Denn nur so hat man Aussicht auf Erfolg.

Das ist die Aporie, von der ich eingangs gesprochen habe, die Aporie, an der jedes grüne Programm, das seine Prämissen und Konsequenzen ernsthaft und radikal durchdenkt, und das mehr sein will als eine pragmatische Wahlplattform, scheitern muß: *Genau in dem Maße, als es realistisch ist, muß es seine eigenen tiefsten Intentionen auf subtile Weise hintertreiben.* Es soll eine lebendige Natur versprechen und kann dieses Versprechen nur erfüllen, indem es sie weiter verdinglicht und zu einer toten macht. Wenn es heute noch eine Tragik in der Politik gäbe, die sich ja zunehmend banalisiert, so läge darin die Tragik der Grünen.

Die „Macher“ wie Fischer haben sich entschlossen auf eine Seite geschlagen, und als praktische Politiker haben sie absolut recht damit. Denn gerade als Ökologisten sind sie zu rigorosem Handeln genötigt und also zu manipulativem Eingriff in lebendige Systeme. Nur der Erfolg kann sie legitimieren, und Ehrfurcht ist ihre Sache nicht. Als Realisten wissen sie, daß die Menschen immer schon nicht nur ihre Umwelt „vernichtet“, sondern auch ihre eigene Umwelt *hergestellt* haben; und das ist heute in ungleich höherem Maße notwendig als früher, weil diese „Umwelt“ kein Außen mehr ist des gesellschaftlichen Systems: sie wurde selber Teil des Systems, in dem die Natur eine hybride Verbindung einging mit der globalen Maschinerie. Die „Ökobewegung“ tauchte in genau jenem historischen Moment auf, in dem Natur als solche endgültig aus der Lebenswelt der

Menschen verschwand. Wie immer, begann auch diesmal die Eule der Minerva erst in der Dämmerung ihren Flug ...

Über ihre gesamte Geschichte hinweg mußten die Menschen vor der Natur sich schützen. Denn Natur, das war nicht nur die gute Natur, die ihre Früchte schenkte, auf deren Boden man lebte, deren Luft man atmete und deren Wasser man trank, das war nicht nur der Schoß, der einen gebar, die Brust, die einen nährte; das war auch die böse Natur, die einen zu verschlingen drohte, die einem die Nahrung vorenthielt, die bedrohlich, launisch und unberechenbar war, die in ihrer Schönheit auch schrecklich war. Sie war das Andere, das Außen der Kultur. Sie überragte die Menschen unendlich und war in ihrer Erhabenheit Wohnort der Götter.

Seit dem historischen Augenblick aber, da sie selber schutzbedürftig ist, da sie des Schutzes des Menschen vor den Menschen bedarf, um nicht vollends zur stinkenden Abfallhalde zu verkommen, hat sie aufgehört, Natur in emphatischem Sinn zu sein. *Eine geschützte Natur ist keine Natur. Sie ist ein Artefakt.*

Wenn ich die Regenwälder unter Naturschutz stelle, verwandle ich sie strenggenommen aus einer Wildnis in einen Park, den ich durch einen administrativen Akt einer alternativen Nutzung entziehe; wenn ich in Afrika Elefanten oder Löwen schütze, erkläre ich weite Regionen zu einem Freilandgehege, das mit „Natur“ im Sinne des Fremden, als einem Jenseits der Zivilisation, nichts mehr zu tun hat. Und selbst wenn es gelänge, die Adria zu „sanieren“, so wird sie doch niemals mehr ein „Meer“ sein, sondern bestenfalls ein Wasserschutzgebiet.

Wenn es wahr ist, daß, wie man so sagt, „uns Menschen heute die ganze Erde zur verantwortlichen Pflege anvertraut“ ist, so ist es auch wahr, daß sich damit die gesamte Ökosphäre in ein technisches Objekt verwandelt hat, in das Heideggersche „Gestell“. Günther Anders' „Blick vom Mond“ belegt das schlagend. Nach allen vorliegenden Daten ist auch ihr Schutz nicht mehr möglich durch „Gelassenheit“ (Heidegger), sondern nur noch durch administrativ vermittelten technischen Eingriff, der nach der gleichen szientifischen Logik erfolgen muß, nach der man schon bisher ihre Ausbeutung betrieb und die man weiter betreiben wird müssen. In diesem Sinne gibt es keine Natur mehr. Gerade als „natürliche" ist sie ein gesellschaftliches Projekt. Wir leben unwiderruflich „nach der Natur" (Bohrer).

„Das Schöne ist zum Ding, der Hain zu Holz, der Tempel zu Klötzen und Steinen geworden" — schrieb Hegel schon 1801, in der Morgenröte der Industrialisierung. Er hat selber diese Verwandlung als Verlust gesehen, aber er wußte, daß dieser Verlust endgültig ist und hat sein Denken eingerichtet in der „Prosa der modernen Welt". Die Romantik hat auf den Verlust mit Trauer reagiert, sie wollte die Welt noch einmal poetisieren, und die Besten der Grünen heute wollen es auch. Daraus zieht die Partei ihre spezifische Energie. Aber mit Poesie kann man keine Politik machen, denn die macht daraus Phrasen. Wenn grüne Politik mehr sein will als Organisation einer subjektiven Befindlichkeit, dann muß sie sich auf die Mechanismen dieser Welt einlassen und die Befindlichkeit objektivieren. Damit aber widerstreitet sie eben jenem Prinzip, aus dem sie ihren innersten Antrieb gewinnt. So muß sie notwendig enttäuschen. In der grünen Bewegung — und das ist das Schöne an ihr — lebt Natur als Sehnsucht fort, als Sehnsucht nach dem Hain; die Politik aber wird ihr nur Holz liefern können, bestenfalls.

Daher ist auch das gespannte Verhältnis der Grünen Basis zu ihren gewählten Funktionären kein korrigierbarer Zustand, sondern für die Logik dieser Partei konstitutiv. Denn sie muß das romantische Element und das rationale in sich vereinen, Elemente, die sich wechselseitig negieren. Verdrängt sie das zweite, wird sie bedeutungslos, verdrängt sie das erste, wird sie banal.

August 1989

Politik in dürftiger Zeit Kleine Nachbemerkung zur Großen Geschichte

> Kälte ist zu empfehlen, wo es anrüchig wird. Es geht sich leichter über gefrorenen Schlamm. Der Dandysmus ist unter anderem als Reaktion auf die romantische Sentimentalität zu verstehen.
>
> *Ernst Jünger*

Ermüdungen und Erweckungen

Mit den „Grünen“ ist eine neue Erweckungsbewegung entstanden, von eigenartig widersprüchlicher Struktur: Einerseits reinster Ausdruck grassierender Geschichtsmüdigkeit, sind sie andererseits die einzigen, die noch oder wieder ein historisches Projekt verfolgen, durch ihre Aufrufe zur Umkehr und ihre fundamentale Kritik an der wissenschaftlich-technischen Zivilisation. Sie propagieren ein ganz anderes Leben und Denken und die Abkehr von der Industriekultur, doch fragt man sich, wie ernst sie das meinen. Denn sie beschwören einerseits die Apokalypse, wenn man in den gegebenen Bahnen weiterspielt und nicht die gesamte Verhaltenslogik ändert, machen es sich aber andererseits im Parlament bequem. Dort sind sie durchaus pragmatisch, in dauernder Oppositionskoalition mit der Rechten.

Schmusig und distanzlos im zivilen Verkehr und in Sachfragen von eher kleinlauter Bescheidenheit, scheuen sie im Prinzipiellen kein Pathos; dieses schreitet vor allem rhetorisch daher, doch der Kothurn verrät die Zwerge. Tritt man ihnen zu nahe, so werfen sie sich in Pose und sind um kein großes Wort verlegen. Ihre geradezu lähmende Friedfertigkeit vertreten sie dann mit eifernder Militanz.

Wo man Politik heute wirklich macht, dort bemüht man sich wenigstens äußerlich um eine gewisse Form und um ein zivilisiertes Erscheinungsbild. Nur die sanften Grünen hauen dauernd auf die Pauke, zumindest in der medialen Öffentlichkeit;

und die spielt begeistert mit. So wurde z.B. der Frosch-Mäuse-Krieg im Sommerloch zwischen Voggenhuber und Pilz vom Boulevard sofort zum „Kampf um die Macht" stilisiert (wenn jemand keine hat, dann die zwei, wirkliche Macht ist leise), ja man verglich den Erfinder der Moral mit Robespierre, und mit Danton den Propheten der Fußgängerzone. Das sind die neuen Führer und Saubermänner, die den Menschen retten wollen, die Natur, die Kultur und die Stadtkultur; deshalb sind sie so laut.

Verdienstmöglichkeiten

Allein aus Gründen der in dieser Debatte schon mehrmals angesprochenen Ästhetik, oder sagen wir einfach des bürgerlichen Geschmacks, geht es also darum, das Grüne Pathos zu destruieren, das jedem auf die Nerven geht, der nicht von Rohkost lebt. Nicht um die Umweltproblematik zu verharmlosen, sondern um die Umweltpolitik zu lakonisieren. Genau das war der eigentliche Zweck meines Artikels ‚Natur als Projekt', dem Thomas Pluch einen freundlich-kritischen Kommentar gewidmet hat. Dabei sind wir uns, wie er selber sagt, in fast allen Punkten einig. Nur, wie er meint, in einem nicht, oder, wie ich meine, in zwei, die ich in der Folge markieren und verbinden möchte, um von ihnen aus den Faden der Diskussion etwas weiterzuspinnen.

Zum ersten Punkt: Pluch wiederholt eine These, deren Negation die meine ist. Er sagt „kurz und bündig: Weiteres (langfristig weiteres) Wirtschaftswachstum ist denkunmöglich", und zwar aus ökologischen Gründen, weil das Wachstum der Industrie auf die Dauer notwendig deren eigene Naturbasis zerstöre bzw. aufzehre. Das ist die unter Grünen gängige Meinung spätestens seit dem ersten Meadows-Bericht, und das Schlagwort vom notwendigen Null- oder gar Minus-Wachstum, das auch Pluch ins Treffen führt, bezieht aus diesem Lemma seine Legitimität. Aber dieses Lemma ist falsch. Es ist nur sehr plausibel, aufgrund der bisherigen Entwicklung, bei der das Wachstum in Wertbegriffen (und nur danach bemißt sich die Akkumulation des Kapitals) mit dem Umsatz an Materie und Energie streng korreliert gewesen ist; und diese Korrelation hält immer noch an, obwohl sie sich bereits zu lockern beginnt. Deshalb sind sogar Marxisten wie Wolfgang Harich auf die These hineingefallen und haben über die Ökologie eine Grenze der Kapitalakkumulation, in der Folge eine ökologistische Zusammenbruchstheorie des kapitalistischen Systems konstruiert. Was bei den Grünen Ausdruck einer wollüstigen Katastrophenangst, war bei dem Kommunisten Harich Ausdruck eines Wunschdenkens: er wollte damit die historische Überlegenheit einer zentralistischen Planwirtschaft erweisen, die als totale die Verstaatlichung der Produktionsmittel verlangt. Diese DDR-Perspektive war nicht einmal mehr in den 70er Jahren schmackhaft zu machen, als Harich sie noch einmal verlautbart hat, heute ist sie vollends desavouiert. Denn der totale Plan, mit dem die Gesellschaft sich selbst und ihre Umwelt gestalten sollte, hat sich als technokratischer Mythos entpuppt, als politischer Ausdruck der Idee der Vorsehung, unter der nicht nur das soziale Leben erstickte, sondern obendrein die Natur. Diese klippschulmarxistische Idee war spezifisch vormodern, die Dynamik des Kapitals hat sie überholt. Marx selbst hätte nur gelacht über sie, er wußte, und er hat es auch geschrieben, daß das Kapital fast unendlich flexibel und daß seine einzige Grenze das Kapital selber ist: diese äußert sich als ökonomische Krise, wenn die Wertakkumulation gestört wird. Deshalb ist es auch theoretisch naiv und politisch irreführend, wenn Pluch eine „Abkehr vom Wachstumsdogmatismus" verlangt, denn Wachstum ist kein subjektives Dogma, das man mit einem Beschluß revidieren könnte, sondern bei Strafe der Krise ein objektives Strukturgebot kapitalistischer Ökonomien. Das hat Harich richtig gesehen, nur ist nicht nur seine Alternative politisch nicht annehmbar, sondern er hat sie auch kurzschlüssig mit der Ökologie verknüpft. Das Kapital aber ist imstande, sich weitgehend, wenn auch nicht völlig, von seiner Naturbasis zu emanzipieren, die elektronische Industrie ist nur ein Beispiel dafür. („Wo nichts ist", schreibt Pluch, „hat auch die Profitgier ihr Recht verloren" — das kann er im Ernst nur glauben, wenn er keine Ahnung vom Kunstmarkt hat.)

Ich singe nicht das Lob des „freien Unternehmertums", im Gegenteil, es ist mir mindestens ebenso unsympathisch wie dem Pluch, ich traue ihm nur mehr Fähigkeiten zu als er — sogar die

Fähigkeit, aus den Umweltschäden, die es anrichtet, in einer zweiten Drehung noch ein Geschäft zu machen, indem es sie partiell wieder repariert. Natürlich mit Unterstützung des Staates. Ich habe nicht gesagt, wie Pluch mich interpretiert, daß die „Ökonomie [die] beste Umweltschützerin" sei; sondern umgekehrt: Nur wenn es gelingt, den Umweltschutz zu ökonomisieren, indem man durch ein Zusammenspiel von international abgestimmten Gesetzen, indirekten Förderungen, Direktsubventionen und öffentlich finanzierten Forschungs- und Technologieprogrammen bestimmte ökoprogressive Kapitalfraktionen soweit stärkt, daß diese letztlich im Selbstlauf den gesamten Weltmarkt beherrschen, hat das Unternehmen überhaupt eine Chance. Aber diese Chance ist real, und eine solche Politik daher realistisch. Natürlich wird es sich dabei einmal mehr um die „Sozialisierung der Verluste und die Privatisierung der Gewinne" handeln, aber wer regt sich darüber heute noch auf? Die Grünen zu allerletzt, wo es doch um die „Rettung der Menschheit" geht. Pluch schreibt: „Der vife Dioxinfiltererzeuger wird seine Filter rasch zur Hand haben, wenn's der Markt von ihm verlangt, aber er wird überhaupt nicht reagieren, wenn es um die Frage der Entsorgung seiner Filter geht." Er vielleicht nicht, aber ein anderer Tycoon, denn auch Märkte kann man machen, und zwar für alles. Dem ‚Spiegel' vom 21. August 1989 entnehme ich, daß in England die Entsorgungsindustrie die größten Wachstumsraten hat ...

Der Mensch im allgemeinen und im besonderen

Selbstverständlich gehört zur Herstellung dieser Märkte auch Bewußtseinspolitik, aber die ist schon mehr oder weniger gelaufen, und daher wird das Pathos der Grünen langsam obsolet. Ihr „Anliegen" wird selektiv, aber zunehmend, von allen Parteien integriert — was bei einem „Gattungsinteresse" auch gar nicht anders möglich ist. Gewiß bleibt „Grün" noch eine Zeitlang ein Stachel, aber als bloß grüner wird er langsam welk: Denn eine Partei, die nur ein „Allgemeininteresse" vertritt, des Menschen überhaupt und der Natur, die ist ex definitione überhaupt keine

Partei, eine Partei ist parteiisch oder sie ist keine, sowenig wie im ehemaligen Osten die „Einheitspartei“ eine war. Eine wahrhaft „grüne“ Partei wäre nur ein naturalistischer Fehlschluß in Form einer Organisation. Das haben die intelligentesten Grünen erkannt und deshalb schreiben sie zunächst ein Sozialprogramm und schieben das für die Umwelt erst später nach. Das heißt aber, sie haben heute schon vor allem ein Interesse an sich selber und nicht an der Natur, und vertreten mit ihrem eigenen ein Partialinteresse: damit werden sie eine ganz normale Partei, so gewöhnlich wie andere auch. Ja, sie sind es schon, sie dürfen es nur nicht sagen, sonst verlieren sie mit ihrer ideologischen Basis auch ihre soziale, denn diese besteht überwiegend aus Lehrern, Sozialarbeitern und sonstigen Helfern, kleinen Angestellten und Beamten in mittleren Jahren, also aus jenem humanistischen, lohnabhängigen Kleinbürgertum ohne allzugroße Sorgen aber auch ohne viel Aussichten, das sein Selbstbewußtsein in der Moral, sein Glück gern in der Natur sucht, und das sich immer schon für den Vertreter der „Menschheit“ hielt (oder für den Repräsentanten „des Bürgers“, was dasselbe ist) und damit über Parteilichkeit erhaben. Sein Bedürfnis nach Wärme äußert sich „basisdemokratisch“, aber nicht in Richtung einer Räterepublik, sondern in Richtung auf Verschweizerung. Ein bißchen links von der Mitte, ein bißchen rechts von der Mitte, im Mittel das ideale Mittelmaß für alle künftigen Koalitionen.

Im politischen Spektrum ist die Partei, ursprünglich eine ins Parlament gespülte Bürgerinitiative, die schwankende Residualgröße der vage Unzufriedenen, wie groß immer sie sein mag. Sie wird, welche Koalition sie auch einmal eingehen sollte (wenn man sie läßt), ihrem Seniorpartner sehr willfährig sein müssen, denn bei ihrer sei es schmalen oder breiten, jedenfalls äußerst dünnen und heterogenen Basis stehen hinter ihr überhaupt keine distinkten, auf Dauer organisierbaren Interessen, die ihr eine institutionelle Machtbasis gäben, wie das bei allen anderen Parteien der Fall ist; insofern ist sie tatsächlich „anders“. Sie spielte dann nur mehr die Rolle einer verpflichteten Mehrheitsbeschafferin und hätte auch als moralische Ruferin ausgedient.

Als Opposition kann die Partei noch lizitieren und die „Alternative“ spielen, sie ist sauber und nicht korrupt, aber sie sitzt auch noch nicht in den Apparaten. Doch ist sie einmal „eingebunden“ in die Macht, wird sie sich sehr rasch kalmieren — sie wird dann entweder eine noch drögere ÖVP mit der Ökologie als unverbindliche, aber rhetorisch wichtige Basisideologie statt dem Christentum, oder sie wird sich sozialdemokratisieren. Der letztere Pfad ist der wahrscheinliche, denn ihre besseren Funktionäre, vor allem aber ihre theoretischen Einsager und Informanten im Hintergrund, sind ohnehin meist frustrierte SPler.

Und diese Entwicklung wäre nur zu begrüßen. Denn das Beste, was man bei Lage der Dinge erhoffen kann, wäre eine unter dem Druck der Grünen renovierte Sozialdemokratie, gerade weil die *keine* Perspektiven bietet, wenigstens keine „fundamentalen“. Aber sie vertritt immer noch die, die man einmal „Arbeiter“ nannte, und sie hat auch immer noch eine soziale, urbane und demokratische Substanz. Nicht viel, aber es sollte reichen, um mit ihr einigermaßen zivilisiert weiterzuleben. Und sie verlangt vor allem keine Emotionen mehr, nur ein wenig Erinnerung, liefert keinen „Sinn“, und beansprucht die Menschen nur partiell. Heute ist sie ziemlich verkommen, aber sie ist immer noch die einzig wirklich laizistische Partei.

Umweltpolitik würde unter ihrer Regie, vielleicht in Koalition mit ein paar pragmatischen Grünen, Teil der Wachstumspolitik sein, ungefähr so, wie ich es im Anschluß an Joschka Fischer skizziert habe, eine Teilpolitik freilich, ohne grünes Pathos und Larmoyanz und ohne fundamentalistische Töne. Aber mit zunehmender technischer Informiertheit. Die Romantiker werden dabei auf der Strecke bleiben, wie immer.

Freilich wird das keine „Lösung“ des Umweltproblems bringen, aber wirkliche Probleme werden niemals „gelöst“, und wenn, dann umso schlimmer: sie werden transformiert, kleingearbeitet, eingegrenzt, verdünnt, inhaltlich verschoben und zeitlich aufgeschoben. Und vergessen wir nicht: Die sozial wichtigste Form der Problemlösung ist die Gewöhnung.

„Eine menschheitsgeschichtliche Perspektive ergibt diese Flickschusterei aber nicht“, schreibt Thomas Pluch dazu. Natürlich nicht, da gebe ich ihm vollkommen recht. Und doch ist das der zweite Punkt, an dem ich mich radikal von ihm unterscheide — denn Pluch bedauert das Fehlen der Perspektive, ich begrüße es.

Dies Haltung mag zynisch scheinen, und sie ist es auch, aber in der heutigen politischen Kultur ist, wie K. H. Bohrer unlängst sagte, Zynismus eine sittliche Qualität. Nicht nur gegen die im Sog der Grünen unerträglich gewordene Moralisierungskampagne, die zuerst den guten Menschen machen und ihn dann retten will („Es riecht nicht gut“, würde Nietzsche sagen), sondern vor allem gegen die sogenannten „menschheitsgeschichtlichen Perspektiven“. Davon hatten wir im letzten Jahrhundert genug, alle wirklich großen Katastrophen der jüngeren Geschichte verdanken sich dem Versuch sie zu machen und den Menschen eine kollektive Perspektive zu geben, die ihr je eigenes Leben transzendiert. Dagegen ist an die schlichte Tatsache zu erinnern, daß die Perspektive eines jeden Menschen der Tod ist. Und daß daher durch jeden einzelnen immer schon auch die sogenannte „Menschheit“ stirbt, seit sie als Gattung existiert. Nur halt nicht auf einmal, doch mehr als das Sequentielle zu synchronisieren vermöchte auch die beste Apokalypse nicht, sei sie atomar oder ökologisch. Wo liegt da für den einzelnen der Unterschied? Er liegt in der Form — aber ob die schlimmer ist als Kehlkopfkrebs, das weiß ich nicht. (Und es leidet immer nur der einzelne, das Kollektiv hat keine Nerven.)

Pluch wirft mir eine dandystische Haltung vor, und ich nehme diesen Vorwurf gerne an: Denn der Dandy ist, wie Roland Barthes gesagt hat, derjenige, der keine andere Philosophie hat als die der Lebenszeit: die Zeit ist die Zeit seines eigenen Lebens. Das war auch die Philosophie des Heidentums, des Epikur und der späten Stoa, die mir heute wieder sehr aktuell scheint, als Antidot gegen die christliche Sentimentalisierung und gegen die historische Sinnstifterei durch Zeichnung „menschheitsgeschichtlicher Perspektiven“, auch und vor allem gegen jene, die heute in Grün geboten werden; gegen jegliche Spielart des Fundamentalismus, wie auch der Fortschrittsgedanke einer ist, nicht weniger als der ihm entgegengesetzte Ökologismus.

Heiner Müller hat diese Position vor kurzem in einem wunderschönen Interview sehr klar und präzise zum Ausdruck gebracht: „Letztlich reduziert sich das alles auf ein sehr simples, elementares Problem, das Pascal auf den Punkt bringt: ‚Alles Unglück kommt daher, daß es die Menschen nicht aushalten, allein zu sein.‘ Der Drang zum Kollektiv aber gründet in der Todesangst, in der Unfähigkeit des Menschen, mit der Gewißheit seines eigenen Todes zu leben. Über die Jahrtausende war das die Grundlage aller Fundamentalismen, Religionen, Ideologien [...]. Als Alternative bliebe nur Fatzers ‚Alles, was nach mir geschieht, ist, als geschähe es nicht‘ — damit sind sämtliche Fundamentalismen erledigt."

Seit dem Ende der Antike beruht die abendländische Zivilisation auf der metaphysischen Verdrängung des Todes. Zunächst durch das Christentum, dann durch die säkulare Heilslehre der Geschichtsphilosophie (die „hinterlistige Theologie", wie Nietzsche sie nannte) — wenn schon nicht die Seele des einzelnen, so sollte doch die Gattung zur Erlösung finden und unsterblich sein. Dabei kam es immer auf ein Handeln des einzelnen an, das sich zu rechtfertigen hatte vor einer ihm heteronomen Instanz — sei es das göttliche Gebot, seien es die Gesetze der Geschichte. So wurde er verantwortlich für eine Zukunft, die nach seinem empirischen Ende lag und in der er imaginär weiterlebte; und er wurde schuldig, wenn er sich dieser Arbeit an der Verdrängung des Todes entzog. Daraus entsprang jene spezifische europäische Dynamik, die schließlich die ganze Welt mit Vernichtung überzog.

Wenn man wirklich eine andere Zivilisation herbeiführen möchte, die das empirische Leben *bejaht,* so wird man ein lakonisches Verhältnis zum Tod gewinnen müssen, zum eigenen, und zu dem der Gattung. Letzteres dürfte leichter sein als man glaubt, sofern man sich nicht selbst etwas vorlügt: Denn als biologische Spezies ist der Mensch ohnehin kein Wert, sondern nach dem Tode Gottes nur ein Faktum. Es geht immer nur um einzelne und um Formen des Umgangs mit denen, die mit einem leben. Und dieser Kreis ist begrenzt. Ob aber die Welt als ganze eine Grenze hat, wie Pluch fragt, das weiß ich nicht. Aber es ist auch egal. Denn ich weiß, daß mein Leben in ihr eine Grenze hat und daß nichts so sehr das Leben im Leben zerstört wie die Sucht nach Unsterblichkeit. Also geht es weder um Transzendenz, noch um Geschichte (die säkularisierte Transzendenz), sondern um die Immanenz der Lebenszeit. Es handelt sich darum, begrenzte Zeit zu gewinnen und sie im Wissen um ihre Begrenztheit einigermaßen angenehm und, wenn es geht, mit etwas Anstand zu verbringen. Bis sie eines Tages verbraucht ist. Um mehr nicht. Das ergibt keinen „Sinn“ und keine „Perspektiven“. Nur vielleicht gelegentlich einen *Heiden*spaß, der aber wie alles einmal endet.

September 1989

Die Aufhebung des Todes oder Die Dialektik der Grenze

Der Tod, wenn wir jene Unwirklichkeit so nennen wollen, ist das Furchtbarste, und das Tote festzuhalten, das, was die größte Kraft erfordert. Die kraftlose Schönheit haßt den Verstand, weil er ihr dies zumutet, was sie nicht vermag. Aber nicht das Leben, das sich vor dem Tode scheut und von der Verwüstung rein bewahrt, sondern das ihn erträgt und in ihm sich erhält, ist das Leben des Geistes. Er gewinnt seine Wahrheit nur, indem er in der absoluten Zerrissenheit sich selbst findet. *G. W. F. Hegel*

Der Tod spricht mit tiefer Stimme zu uns, um nichts zu sagen. *P. Valéry*

Agamus Deo gratias, quod nemo in vita teneri potest. *Seneca*

Am Tod, als der absoluten Grenze, wird Hegels Dialektik der Grenze zuschanden: Denn eine Grenze setzen, heißt, sie überschreiten; als überschreitbare aber ist sie nicht absolut. Sie ist bloß ein Übergang. So haben alle Religionen der Weltgeschichte, und so hat die christlich fundierte Metaphysik des Abendlandes den Tod behandelt: Sie versuchten ihn zu „begreifen“, relativierten ihn als dessen Grenze auf das Leben hin, gaben ihm allein dadurch einen „Sinn“ und hoben ihn auf in seiner Absurdität. Doch die absolute Grenze ist logisch nicht faßbar, als solche ist der Tod begrifflich so absurd wie faktisch, als begriffener ist er schon depotenziert, bloß noch ein Einschnitt im Leben des Geistes, nicht mehr. Vor allem das christliche Pathos des Todes hat ihn vollends dem Leben integriert, dieses dadurch erniedrigt und jenen im Grunde verleugnet. Der zu Tode gequälte Gott am Kreuz, dem heidnischen Blick bloß verächtlich („Haben Sie schon einmal eine Leiche geohrfeigt?", fragt Breton, aber auch das wäre noch eine christliche Geste), wird dem Christen zum Symbol der Hoffnung auf Ewigkeit und als memento mori zum sittlichen Ideal eines Lebens, das sein eigenes Kreuz in Demut schleppt, damit seine Seele dereinst auferstehe.

Die christliche Liebe ist todessüchtig und ihre sublimste Form ist die Qual, nicht, weil das im Wesen der Liebe läge, sondern weil sie unter dem Gesetz eines ermordeten Gottes steht, das nach Lustverzicht und einem verlorenen Leben die ewige Glückseligkeit verheißt. (Genauer gesagt wurde Gott nicht ermordet, sondern rechtmäßig verurteilt von dem Heiden Pilatus, dem, nach einem Diktum von Nietzsche, der die Hinrichtung in der Philosophie vollzog, einzigen Gentleman im Neuen Testament.) Das Leiden zum Tod und die Liebe schießen im erzchristlichen Begriff der „Passion" zusammen, den das Heidentum so wenig kannte wie den Sado-Masochismus, diesen innersten Kern der christlichen Verzückung. Es kannte auch das Mitleid nicht, dafür hatte es Noblesse. Die alten Götter sind liberal gewesen, sie kümmerten sich wenig um die Belange der Menschen, sie hatten genug mit sich selbst zu tun. Vor allem dachten sie nicht daran, sich zu opfern, vielmehr opferte man ihnen, und das war ein Fest. So war man ihnen wenig verpflichtet und durch Leiden hatte man nichts zu erwarten, schon gar nicht ein ewiges Glück. Und doch sind diese Götter gestorben, die das irdische Leben verschönten: Sie haben sich, wie Nietzsche vermutet, totgelacht, als sie einen von ihnen sagen hörten, er sei der einzige. Seither gibt es nichts zu lachen und der Tod regiert im Abendland, weil ein Gott das ewige Leben denen verheißt, die auf die Lust ihres zeitlichen verzichten. Doch da der Christ, dieses Ebenbild Gottes, diesem sein Leben verdankt, hat er dafür auch zu danken, und es ist ihm die Selbsttötung untersagt — nur die Selbstabtötung der Lust im Fleische ist geboten. Die Pascalsche Wette hat diese Logik des Christentums zur höchsten Rationalität verklärt.

Gegen die Aufhebung des Lebens im sinnvollen Tod hat die Aufklärung immer gekämpft, nicht erst seit dem 17. Jahrhundert, sondern schon seit Epikur, den Marx den größten Aufklärer der Antike nannte. Sie wollte den Tod aus dem Leben draußenhalten, jede Form von Reaktion nahm ihn herein: *Die Logik, nach der sie die Dialektik der Grenze löste, entschied letztlich über den humanen und politischen Gehalt einer Philosophie.*

Ganz in der Tradition eines Epikur, nach dessen Lehre der Tod ein Nichts ist, weil er nicht ist, so lange ich bin, und ich nicht bin, wenn er es ist, sagte der libertäre Aufklärer Sartre zwei Jahre vor seinem Ende: „Der Tod, daran denke ich nicht. Er ist nicht in meinem Leben, er wird außerhalb sein. Eines Tages wird mein Leben aufhören, aber ich will auf keinen Fall, daß es durch den Tod beladen wird. Ich will, daß mein Tod nicht in mein Leben eintritt, es nicht definiert, ich will immer ein Aufruf zum Leben sein." Mit anderen Worten hat er das schon in ‚L'être et le Néant' gesagt, in jenem ersten Hauptwerk, von dem ein paar Dummköpfe immer noch meinen, es sei in zustimmender Abhängigkeit von Heidegger geschrieben. In Wahrheit ist der Sartresche Existenzialismus der äußerste Gegensatz zur Heideggerschen Fundamentalontologie — er verwendet nur teilweise die dort entwickelten Kategorien und Existenzialien, die er aber, indem er sie soziologisiert und historisiert, ihrer ontologischen Würde beraubt und sie so gegen die Intentionen ihres Erfinders kehrt.

Tatsächlich bestimmt die in ‚Sein und Zeit' entwickelte Analytik des Daseins, die im Kern eine Analytik des Todes ist, in Zustimmung und Ablehnung die gesamte philosophische Thanatologie nach Heidegger, vermutlich deshalb, weil ihr das Kunststück gelingt, als agnostische Philosophie die düstersten Motive des Christentums noch zu radikalisieren. Denn in ‚Sein und Zeit' regiert der Tod das Leben, das „eigentliche Dasein" ist ein „bewußtes Vorlaufen zum Tode". Nicht das faktische Ende des Lebens, das als nicht im Bewußtsein vorweggenommenes nur ein tierisches „Ableben" oder „Verenden" wäre, auch nicht der empirische Verfall des Leibes im Alter, sondern das lebenslange Verhältnis zum Tod als „ausgezeichnete Möglichkeit des Daseins", ist des Agnostikers Heidegger Thema, nicht anders als für das traditionelle Christentum, nur ungleich radikaler: Bei Heidegger nimmt der Tod die Stelle Gottes selber ein, denn es ist das Verfallensein an ihn, als der „höchsten Instanz“ unseres In-der-Welt-seins, welches das Dasein in seiner Eigentlichkeit bestimme. „Eigentliches“ Leben sei lebenslanges Sterben. Die Analyse des Seins zum Tode ist rein diesseitig, indem sie sich auf die Frage konzentriert, wie der Tod in unsere Existenz „hereinstehe“. Er ist das in die Existenz hereinzuholende Ende des Daseins und das Sein zum Tode die Bedingung der Möglichkeit eigentlicher und eigenster Existenz. Indem das Dasein „entschlossen“ seine „Freiheit zum Tode“ auf sich nimmt, reißt es sich los von seiner Verfallenheit an das „Man“ und konstituiert sich überhaupt erst zur selbstbezüglichen Subjektivität: Denn der Tod, und nur er, ist unvertretbar je meiner, er ist meine *eigenste* Möglichkeit (im Vorgriff auf den Tod kann ich mich schlechthin unabhängig von anderen Subjekten setzen und damit meine Fremdbestimmung aufheben); er ist eine *unbezügliche* Möglichkeit (durch meine Beziehung zum Tode werde ich von allen anderen Bezügen absolviert, was die Bedingung der Möglichkeit meiner Einzelheit als Einzigkeit ist: alle Bezüge zur Mitwelt und Gebrauchswelt werden nichtig angesichts des Todes — in meinem unbezüglich-solipsistischen Vorlaufen zum Tode bleibe ich allein zurück in meiner „Eigentlichkeit“); er ist *unüberholbar* (denn es gibt keine radikalere Selbstbestimmung der Subjektivität des Subjekts als die durch den Tod, der Vorgriff auf ihn läßt die Faktizitäten des Daseins erst vollständig begreifen und ermöglicht ein freies Verhältnis zu ihnen, weil er jede distanzlose Fixierung auf sie zerbricht); er ist *gewiß* (denn er kommt unumgänglich und seine Gewißheit als je meiner konstituiert die Selbstgewißheit der Subjektivität) und er ist eine *unbestimmte* Möglichkeit (d.h. er kann jederzeit eintreten, in jedem Augenblick, und ich erfahre ihn so als kontinuierliche Bedrohung meiner selbst: er ist als Möglichkeit ununterbrochen gegenwärtig und im Ertragen der ständigen Angst vor ihm als „Grundbefindlichkeit des Daseins“ bewährt sich dessen „Entschlossenheit“).

Der Vorgriff auf den Tod erweist so in seiner existenzialen Charakteristik durch Heidegger die Unselbständigkeit des Daseins in seiner Abhängigkeit von anderen unselbständigen Subjekten als defizienten Modus des Seins und erlaubt eine Selbstbestimmung des Subjekts ohne Rücksicht auf die Welt der Dinge und andere Subjekte. Das „eigentliche Dasein" ist die entschlossene Annahme seiner „Freiheit zum Tode".

Hier ist der Tod tatsächlich als absolute Grenze konzipiert, doch um den Preis, daß deren dem Leben abgewandte Seite gleichsam in dieses selbst hereingefaltet wird; dadurch wird dieses „ganz": *Die christliche Sinngebung des Todes durch ein gottbezügliches Leben schlägt um in eine thanatologische Sinngebung des Lebens; die christliche Demut in die Propaganda des Heldentodes.*

Doch der existenzielle Held ist auch logisch moribund. Die Schwächen der Analyse liegen aber nicht in dem, was viele Gutmütige empörte, nämlich in ihrer martialischen Strenge, also im moralischen Bereich, sondern sie sind immanent phänomenologischer Natur. Zunächst liegt hier ein Zirkel vor: Denn mein Tod ist nur dann je meiner, wenn ich zuvor schon als eigene Subjektivität konstituiert bin, die Konstituierung durch ihn als „meinem" wäre rein tautologisch. Tatsächlich erfahre ich den Tod „zunächst und zumeist", wie Heidegger sagen würde, nicht als meine eigenste Möglichkeit, sondern als Ereignis, das den Anderen trifft. Dieses Ereignis ist aber selbst kein empirisches Faktum unter anderen, vielmehr eines, das mich selbst in „ausgezeichneter Weise" trifft — es schneidet ein als Erfahrung in meine eigene Existenz, auch dann, wenn der Andere mir fremd ist; gerade sein Tod hebt seine Fremdheit in paradoxer Weise auf, indem er sie bis zur Unerträglichkeit steigert: Das, was er nun ist, eine Leiche, wird in höchstem Maße als abweisend und zudringlich zugleich erlebt. Das Ende des Seienden qua anderes Dasein ist in keiner Weise, wie Heidegger schreibt, der Anfang dieses Seienden qua bloß „Vorhandenes", der abgestorbene Leib des Anderen ist weder „Ding" noch „Zeug", sondern er hat eine spezifische Qualität, die ihn fundamental von anderen Objekten unterscheidet und einen sozialen Umgang mit ihm erheischt, der vielleicht den Anfang und die Basis aller Kulturpraktiken überhaupt bildet.

Der Solipsismus der Heideggerschen Analytik verschließt sich dieser Erfahrung, er mauert das Dasein in ein solitäres „Sichselbstübernehmen" ein, das sich als „ganzes" dünkt, wenn es mit seinem eigenen Tod allein ist. Er bereitet damit philosophisch jenes Sozialverhalten schon vor, das die Nazis dann real praktizierten. Für sie waren die Leichen tatsächlich bloß Objekte, die sie fabrikmäßig produzierten, um sie anschließend ebenso fabrikmäßig zu kremieren: Zu entsorgender Abfall, der als lästig „Vorhandenes" anfiel bei der industriellen „Reinigung" des Volkes.

Zugleich dementiert die Praktik der Lager schlagend das Kernstück der Heideggerschen Analytik des Daseins. Unübersehbar ist durch sie geworden, was immer schon wahr gewesen ist, worüber man in ruhigeren Zeiten sich aber hinweglügen konnte: Daß der Tod nicht „meiner" ist, sondern mich brutal von außen ergreift.

Gewiß besteht immer die abstrakte Möglichkeit, meinen Tod in meine eigene Regie zu nehmen und ihn dadurch partiell zu *meinem* eigenen zu machen. (Eine Möglichkeit, die, neben der bewußten Selbstgefährdung, ihre höchste Erfüllung im Selbstmord findet, den Heidegger jedoch, in bester christlicher Tradition und im Unterschied zu der Achtung, die dem Suizid in allen paganen Kulturen zuteil wurde, als „uneigentliches" Verhalten zum Tod denunziert. Allerdings ist der Suizid ein Modus des Sterbens, der nur Zeit und Form des Todes bestimmt, seine unaufhebbare Fremdheit jedoch nicht tangiert und dadurch im letzten auch nicht seine absurde Kontingenz. Gleichwohl erweist sich in der Suizidalität die höchstmögliche Freiheit des Subjekts, weil sie die äußerste Möglichkeit der Distanzierung von sich selbst als Naturwesen darstellt — seit der Antike hat dies niemand klarer gesehen als David Hume.)

Im allgemeinen jedoch stößt der Tod mir zu als das absolut Andere meiner selbst, ob er nun langsam kommt oder schnell: Ich werde verenden durch den Verfall meines Körpers, der selbst im Alter zu einem mir fremden und feindlichen wird, oder ich werde hinweggerafft durch eine Krankheit oder durch einen Unfall, oder ich werde erschlagen von einem anderen. Ein „Sinn" ist keinem dieser Modi abzupressen. Mein Tod wird nicht *meiner* sein, sondern er wird mich holen. Man kann versuchen, ihn hinauszuschieben, man kann die Schmerzen, die ihm vorausgehen, lindern; und das ist nicht wenig. Aber man kann den Tod nicht humanisieren. Geburt und Tod, Beginn und Ende jeder Existenz sind existenzial nicht faßbar, weil sie nicht auf einem selbstbewußten und eigenwilligen Verhalten beruhen. Sie ereignen sich schlechthin, ich werde aus dem Dasein gedrängt oder gestoßen, so wie ich in es geworfen wurde. Sie liegen jenseits meiner Verantwortlichkeit. Meine Geburt, mein Verfall und mein Tod sind das mir Heteronome schlechthin.

Und doch hat die Heideggersche Analytik des Todes ein Moment von Wahrheit, freilich nicht einer ontologischen, sondern einer historisch-ontischen. Nicht nur deshalb, weil sie, im Unterschied etwa zur Transzendentalphilosophie (das Kantische Transzendentalsubjekt wird nicht geboren und stirbt nicht, ja es schläft nicht einmal, es ist sich ewig selbst präsent wie die Seele des Christen), „den Menschen wieder vor den Tod gestellt“ hat (das hat Ludendorff besser vermocht, wie Horkheimer einer von Heidegger Ergriffenen beschied), sondern auch, weil sie mit der gängigen Phrase aufräumt, daß der Tod die Menschen gleichmache. Im Begriff der „Eigentlichkeit“ des Seins zum Tode drückt ontologisiert der soziale Sachverhalt sich aus, daß nichts so sehr die Einzelnen differenziert und voneinander entfremdet, wie die Form, in der sich ihr Sterben vollzieht. Ob einer gepflegt wird, wenn er krank ist, oder alleine krepiert, ob er Hungers stirbt oder an Verfettung — das gehört nicht zur condition humaine, sondern zu den Merkmalen einer Klassengesellschaft und unterscheidet die Menschen radikaler, als es sonst das Schicksal vermöchte. Selbst als Tote werden sie unterschiedlich behandelt, wie man an den Leichenbegängnissen und an den Gräbern sieht.

Vor allem aber beschreibt jene „Faltung“ des Todes ins Leben herein, mit der Heidegger die Dialektik der Grenze löst, einen schaurigen empirischen Sachverhalt, der erst in unserem Jahrhundert ins „Dasein“ trat, in durchaus konträren Formen: zunächst in den Todeslagern der Nazis und dann durch die Machenschaften der Medizin. Denn zu Untoten wurden jene, die man aus Nutzenkalkülen in den Lagern nicht gleich ermordete, ihnen aber die Mittel zum Leben vorenthielt; und zu Untoten werden heute auch jene, die man als Todkranke in den Spitälern nicht sterben läßt, indem man sie in organische Bestandteile einer medizinischen Maschinerie verwandelt. Der Tod wird damit aufgehoben und mit dem Leben vermischt, in einer Weise, von der die traditionelle Metaphysik sich nichts träumen ließ.

Die Hybridisierung des Todes mit dem Leben, bewußtlos vorgezeichnet durch die Heideggersche Thanatologie, ist als organisatorisch-technische Errungenschaft im 20. Jahrhundert gesellschaftlich real geworden. Die Moderne, von der man sagt, daß sie den Tod „verdränge“, hat ihn in Wahrheit in das Leben hereingeholt, massenhaft und namenlos. Dadurch erweist sie sich als Säkularisierungsprodukt des christlichen Nihilismus.

Ein gelassenes, epikureisches Verhältnis zum Tod wäre erst wieder möglich, wenn einst der bürgerlich-solipsistische Zwang zur Selbsterhaltung gesellschaftlich ebenso überwunden sein wird, wie ideologisch das in diesem verborgen steckende christliche Erbe. Dann könnte — vielleicht — gegenüber dem Tod ein paganer Lakonismus sich wieder bilden, der von existenzialem Pathos ebenso frei ist wie von abgestumpfter Gleichgültigkeit und metaphysischer Sinnstifterei.

November 1989

Jenseits der Landschaft
Das Naturschöne als Kunstprodukt

Nach M.

Wenn die nature artificielle des Menschen sich entformt, werden die Künste künstlich.
Arnold Gehlen

„Landschaft" ist heute ein politästhetisches Phantasma, der Titel meines Vortrags eine Phantasmagorie — das Wort verstanden in seiner ursprünglichen Bedeutung, die heute kaum mehr geläufig ist. „Phantasmagorie" — so nannte man anfangs des 19. Jahrhunderts eine technische Inszenierung, die es erlaubte, die Projektionen von zwei Laternae magicae zu überblenden und bald die eine, bald die andere mehr hervortreten oder aber die eine in die andere übergehen zu lassen.

Der Titel ‚Jenseits der Landschaft' verdankt sich einer solchen Überblendung — ob von Bildern zweier Laternae magicae, welche die Dinge bekanntlich auf den Kopf stellen, weiß ich nicht; das muß ich Ihrem Urteil überlassen. Wir werden sehen.

Im Jahre 1962 nämlich, dem Erscheinungsjahr der amerikanischen Erstausgabe von Rachel Carsons ‚Silent Spring', der Stiftungsurkunde des ökologischen Bewußtseins gewissermaßen, publiziert Joachim Ritter seinen mittlerweile kanonisch gewordenen Aufsatz über das Naturschöne: ‚Landschaft. Zur Funktion des Ästhetischen in der modernen Gesellschaft'.

1987, also genau ein Vierteljahrhundert später, erscheint Karl Heinz Bohrers Essay: ‚Nach der Natur. Ansichten einer Moderne jenseits der Utopie'.

Durch Überblendung dieser beiden Titel hat sich mein Titel ergeben: Damit möchte ich annoncieren, daß meine Überlegungen thematisch im Spannungsfeld jener beiden Arbeiten sich bewegen — der einen, älteren, die Natur noch als Trost behauptet, der anderen, jüngeren, die sie für ästhetisch erledigt erachtet — denn mich interessiert, was sich darin an historischer Veränderung ausdrückt.

So grundverschieden die Denkformen, der theoretische Hintergrund, die diskursiven Bezüge und der Erklärungshorizont der beiden Texte sind, es geht dem Ästhetiker Bohrer im Kern um die gleichen Fragen wie dem Geschichtsphilosophen Ritter: Um das Verhältnis von epistemischer, historischer und ästhetischer Subjektivität, um das Verhältnis von Natur und Geschichte, um das Naturschöne und Geschichtsphilosophie, um den Schrekken der Freiheit und der Autonomie auf der einen Seite, um den Trost der Heteronomie und der Notwendigkeit auf der anderen.

Bohrer erwähnt Ritter mit keinem Wort, aber er stellt sich dem gleichen Problem; allerdings unter *verschärftenBedingungen* — und genau diesen Verschärfungen möchte ich nachspüren, auf etwas anderen, verschlungeneren Wegen als Bohrer und mit einem Seitenblick auf jüngste Entwürfe grün-alternativer Programmatik, für die das „Naturschöne" ein Leitbegriff ist.

Ritters Essay erschien im letzten historischen Moment dessen, was man heute schon rückblickend die „Moderne" nennt, er ist noch kein Abgesang, sondern ihr Lob — allerdings im Bewußtsein ihrer heraufkommenden Bedrängnis. Bohrer schreibt als dezidierter Gegner postmoderner Gefühligkeiten zur Zeit ihrer ideologischer Entfaltung, als Gegner, der ihre materialen Gründe jedoch ernst nimmt und dem daher die geschichtsphilosophischen Sicherheiten, auf die Ritter sich noch stützen konnte, ebenso abhanden gekommen sind wie der Glaube an die utopischen Potentiale, die dieser aufgrund jener der Moderne noch zusprechen konnte.

Denn in dem Vierteljahrhundert, das zwischen den beiden Texten liegt, hat das sich ereignet, was auch vorsichtige Beobachter, wie etwa Hans Robert Jauß, heute schon eine „Epochenschwelle" nennen. Die neue Epoche aber harrt noch ihrer positiven Definition — mit dem Wort „Postismus" ist sie ja nur negativ umschrieben.

Leichter schon ist es zu sagen, was mit der alten Epoche zu Ende gegangen ist. Natürlich nicht die *Geschichte* selber, wie das mit dem Begriff „Postmoderne" oft trübe assoziierte Wort „Posthistoire" suggerieren möchte — im Gegenteil, die reale Geschichte bricht heute mit bis vor kurzem ungeahnter Heftigkeit und Dynamik allerorten sich Bahn —, wohl aber die sinnstiftenden Tröstungen und Erklärungsmuster der Geschichts*philosophie* mitsamt der von ihr genährten utopistischen Hoffnungen, in deren selbstverständlichem hegelianischen Horizont Ritter noch schreiben konnte.

Als Theorie eines fortschrittsbewußten Geschichtsphilosophen läuft nämlich Ritters Theorie des Ästhetischen, und insbesondere die der Funktion des Naturschönen, auf jene *Kompensationstheorie der Rationalisierungsschäden der Moderne* hinaus, als die sein skeptischer Schüler Odo Marquard sie später explizit gefaßt und einem ordentlichen Schuß Zynismus noch auf die Funktionsbestimmung der Geisteswissenschaften ausgedehnt hat. Zugleich bringt sie damit einen Gedanken der gesamten idealistischen Ästhetik von Baumgarten bis Hegel auf den Punkt, die, indem sie diese als Theorie des Schönen in das System der Philosophie einbrachte, die Kunst, und mehr noch das Naturschöne, in ein dienendes Subordinationsverhältnis zur Wahrheit und Erkenntnis stellte.

Denn die Ergänzungsrelation von veritas logica und veritas aesthetica ist schon bei Baumgarten nicht symmetrisch, sondern eindeutig hierarchisch geordnet. Baumgarten, mit dessen ‚Aesthetica' am Höhepunkt der Verstandesaufklärung als deren notwendiges Supplement und Korrektiv 1750 erstmals in der systematischen Form eines Schulsystems eine auf Empfindungen gegründete Philosophie des Schönen formuliert wird, spricht zwar der Kunst ihre eigene Wahrheit zu, die Wahrheit im Element des sinnlichen Empfinden und Fühlens, diese ist aber, obwohl als „gewichtiger Teil menschlichen Erkennens" anerkannt, eine bloß vage und vorläufige Wahrheit, die einer „verworrenen Erkenntnis" der unteren Erkenntnisvermögen entspringt und daher dem strengen Begriff der Wissenschaft durchaus untergeordnet ist, der allein eine „deutliche Erkenntnis" verbürgt. Diese Unterordnung der Empfindung unter den Begriff, die in der Tat den Gang der Moderne überhaupt bestimmt, geschieht in Form einer Feier der Kunst und des Schönen, deren salbungsvoller Ton allein schon mißtrauisch machen sollte: Man klopft der Kunst auf die Schulter, weil man sie als Palliativ benötigt — sie befriedigt gleichsam die Konservativität der Gefühle, die von der progressiven Verstandeserkenntnis im Stich gelassen werden und denen man, in mehr oder minder klarem Wissen um die Ideologie, die man damit betreibt, eine Art zweiter Erkenntnisfähigkeit zuschreibt, ohne strenge Verbindlichkeit freilich. Denn was in den rigiden Begriff logischer Wahrheit nicht eingeht, soll von den schönen Künsten empfindend erkannt und zu „ästhetischer Wahrheit“ erhoben werden. Schon bei Baumgarten rückt die Ästhetik in die von den Wissenschaften unbesetzte Leerstelle der vormaligen Metaphysik ein, die von eben jenen Wissenschaften destruiert wurde. Wo die ganze Natur, die gleichsam als Heideggersches Geviert von Himmel und Erde, Menschen und Göttern zum lebensweltlichen Dasein gehört, in ihrer qualitativen Fülle begrifflich nicht mehr ausgesagt werden kann, soll das empfindende Gemüt gestaltend und poetisch das Bild und das Wort hervorbringen, in denen sie sich darstellt und ihre Wahrheit geltend machen kann: „Die ästhetische Wahrheit kann an die Stelle der metaphysischen treten, da die Kunst durch die in ihr erscheinende ‚venusta plenitudo‘, die schöne Fülle des Daseienden, den Menschen die Gewißheit gibt, daß man in dieser Welt gern sein kann, daß also das allmähliche Verschwinden der Transzendenz sie nicht zu Fremden auf der Erde macht“, schreibt Hartmut Scheible durchaus affirmativ zur Baumgartschen Ästhetik. Invers gelesen heißt das aber, daß, da die metaphysische Wahrheit von der fortschreitenden Verstandeserkenntnis als Illusion erkannt und zunehmend außer Geltung gesetzt wird, die Kunst, die tröstend an ihre Stelle tritt, zum falschen, und im Grund auch durchschauten Schein einer erhofften Versöhnung gerät, die in der Wirklichkeit keine verläßliche Stütze mehr hat. Augenzwinkernd gibt man zu verstehen, daß die Rede von der „ästhetischen Wahrheit“ so ernst nicht gemeint sei, denn diese Wahrheit ist, als Ausdruck mimetischer Erkenntnis, der begrifflichen bloß supplementär und, ohne daß das offen ausgesprochen würde, dieser gegenüber inferior.

Aber erst Kant hat in seiner dritten Kritik das ästhetische Urteil vollends vom begrifflichen emanzipiert, indem er jenes als reflektierendes Urteil faßte und vom bestimmenden Urteil beim wissenschaftlichen Gebrauch der Vernunft unterschied:

Während bei diesem der Verstand die Erscheinungen den Kategorien gemäß organisiert, ist jenes unter der Form des Gefühls auf die unbestimmte Beziehung zwischen den Vermögen des Subjekts bezogen. Nachdem die Wissenschaft von der Natur dadurch sicheren Boden gewonnen hat, daß sie sich darauf beschränkte, ihre Erscheinungen allein im Felde experimentell kontrollierbarer Theorie zu „buchstabieren", übernimmt es die ästhetische Einbildungskraft, die Natur in ihrer „Totalität" und als „Darstellung der Idee des Übersinnlichen", die wir nicht mehr im Begriff erkennen können, für das Gemüt lebendig zu halten. Die „ästhetische Idee" ist eine Emanation der Einbildungskraft, „die viel zu denken veranlaßt, ohne daß ihr doch ein bestimmter Begriff adäquat sein kann, die folglich keine Sprache völlig erreicht und verständlich machen kann". Die Kantische Philosophie der mathematischen Welt Newtons, zunächst niedergelegt in der ersten Kritik, ruft in der dritten Kritik den Künstler auf, der da, wie es bei Schiller heißt, „wo jetzt, wie unsere Weisen sagen, seelenlos ein Feuerball sich dreht", die vom Göttlichen belebte schöne Natur als Symbol des Sittlichen im ästhetischen Schein gegenwärtig hält; ein Unternehmen, das umso dringlicher wird, je mehr der Verstand die Natur sowohl wie die soziale Ordnung entzaubert und zum toten Objekt der Manipulation degradiert.

Damit kommt in der philosophischen Theorie eine Tendenz auf die Bahn, die Odo Marquard als zunehmenden Vorrangsgewinn der Symbolisierung des normativ postulierten Sittlich-Guten im Schönen — ein später Abglanz der griechischen Kalokagathie — gegenüber seiner praktisch-politischen Verwirklichung diagnostiziert und in ihrer passageren Ambiguität gekennzeichnet hat. Denn es hält zwar die Ästhetik die Erinnerung daran wach, daß die Wirklichkeit in ihren durch den Verstand fixierten Formen nicht aufgeht; sie hat insofern auch ein utopisches Moment an sich, das kritisch über die verdinglichte Welt hinausweist. Doch geht ihre Forcierung zuletzt auf Kosten des Praktischen, die *Symbolisierung* des guten Lebens im Schönen tritt an die Stelle seiner politischen *Realisierung.* Marquard schreibt mit Bezug auf Kants Ethisierung der Ästhetik: „Das hat zugleich etwas Zweideutiges an sich, man weiß nicht recht: wird da die Verwirklichung des menschenwürdigen Staates unterstützt, vorbereitet, eingeleitet, oder wird sie nur auf schöne

Weise bestattet? Gehört die Ästhetik zur Vorhut oder zur Trauerfolge der geschichtlich vernünftigen Aufgabe? Ist das Schöne als Symbol des Sittlichen Stimulans der Verwirklichung oder Sedativ angesichts ihrer Aussichtslosigkeit? Ist es — auf diese Formel darf man das wohl bringen — *Instrument* oder *Ersatz* der politischen Verwirklichung der geschichtlichen Vernunft?"

„Das erste — Symbolisierung als *Instrument* — hat Kant erhofft, fürs zweite — Symbolisierung als *Ersatz* — hat er vorgesorgt, denn das quälende Problem dieser zweiten Möglichkeit, das Problem einer ästhetischen Symbolisierung, die — wenigstens der Tendenz nach — im Grunde nichts mehr symbolisiert, weil sie sich aus dem Zusammenhang des geschichtlichen Problems gelöst, weil sie ihrer politisch-sittlichen Rolle gekündigt hat, ist zwangsläufig das Bewußtsein ihrer eigenen Unwirklichkeit [...]. Als Indiz kann gelten die Flut alsbald folgender Symboltheorien und Symbolreflexionen, die entstehen eben deshalb, weil dieses Symbolisieren problematisch wird und das Symbol längst unterwegs ist auf dem Wege seiner Verwandlung zum Symptom. Und umso weniger hier das Ästhetische und die Kunst durch die soziale Wirklichkeit des Sittlichen und der Geschichte sich definiert, getragen, gerechtfertigt fühlen, umso stärker wird ihr Bedürfnis, sich durch den Anschluß an eine andere, eine außersoziale und außergeschichtliche Wirklichkeit zu rechtfertigen. *Solch eine außergeschichtliche Wirklichkeit ist die Natur.*"

Marquard faßt hier eine Strömung zusammen, die ihre neuzeitliche Quelle in Kants ‚Kritik der Urteilskraft' hat und die über Schellings Naturphilosophie in Nietzsches Lebensphilosophie mündet. Sie treibt eine ästhetische Konzeption von Natur hervor, die zur wissenschaftlich verstandenen Natur ebenso in Gegensatz tritt wie zur gesellschaftlich-geschichtlichen Wirklichkeit. *Durch ihre begriffliche Entleerung wird die ästhetisierte Natur politisch aufgeladen:* „Diese Natur wird jetzt akut. Es entsteht also gerade durch den Anspruch der Ästhetik und die Fragwürdigkeit dieses Anspruchs das entschiedenste Interesse an einer nicht gesellschaftlich definierten, nicht als Naturwissenschaft präsenten Natur. Darum widmet sich Kant im zweiten

Teil seiner Urteilskraft — und nicht zufällig damit im selben Problemzusammenhang mit der Ästhetik — der Philosophie der Natur [...]: *wo die Ästhetik ihre Bindung an die Geschichtsphilosophie löst, gerät sie zwangsläufig in die Bindung an Naturphilosophie.* Schon bei ihren ersten Auftritten, schon bei Kant zeigt sich das: zur Ästhetik gehört die latente Bereitschaft, die *Naturphilosophie* sich zu assoziieren, sich schließlich zur Hauptphilosophie zu machen und damit potentiell zur Lebensphilosophie überzugehen. Diese Bereitschaft *schlummert,* solange Ästhetik als *Instrument,* die *erwacht,* sobald Ästhetik als *Ersatz* des geschichtlichen Denkens gesucht und gemeint wird."

Unter Berufung auf Aussagen von Cézanne und Van Gogh, die selbst als Organon der Natur sich verstanden, die sie in ihrer Malerei zum Ausdruck brachten (malend verliere er sich als „optisches Werkzeug" an die Natur, welche ihrerseits „sein eigenes Ich okkupiere", schreibt Cézanne), kommentiert Joachim Ritter das neuzeitliche Verhältnis von Epistemologie, Geschichtsphilosophie und Ästhetik mit den Worten: „Sieht man auf die Reflexion, in der Dichter und Maler sich ihr Tun wie ihre Aufgabe zu deuten suchen, dann zeigt sich, daß diese Gleichzeitigkeit wissenschaftlicher Objektivierung und ästhetischer Vergegenwärtigung im Verhältnis zur Natur nicht zufällig ist. Der ästhetische Sinn wird von einer Macht ergriffen, die ihn zum Organ ihrer Darstellung macht, weil sie ohne ihn ungesagt und ungesehen bleiben muß."

Während nämlich in der Tradition der klassischen Philosophie bis in die Epoche der Wende zur Neuzeit der vernünftige Begriff allein und als solcher die ganze Natur als Kosmos zu vergegenwärtigen vermag (das gilt a fortiori für die heidnische Philosophie, weshalb man bei den Griechen, wie Schiller sagt, „so wenige Spuren von dem sentimentalischen Interesse [findet], mit welchem wir Neuere an Naturszenen [...] hangen können". Denn auf dem Boden der heidnischen Philosophie gab es keinen Grund, ein besonderes, von der begrifflichen Erkenntnis unterschiedenes Organ für die Vergegenwärtigung und Anschauung der Natur auszubilden), ist diese nunmehr, im Zeitalter der objektivierenden mathematischen Naturwissenschaft, auf die ästhetische Vermittlung verwiesen.

Das Naturschöne — es selber wie seine Vergegenwärtigung im Kunstschönen als Sujet — bringt so das in die Erfahrungswelt der Menschen ein, was durch die rationale Erkenntnis der Natur aus ihr vertrieben wurde: die Idee ihrer Totalität als lebendiges Ganzes und als sittlicher Urgrund der Welt.

Das heißt aber, Natur als ästhetische Kategorie oder als „Landschaft“ — denn „Landschaft“ ist ja nichts anderes als Natur, die im Anblick für einen fühlenden und empfindenden Betrachter ästhetisch gegenwärtig ist, wie Joachim Ritter prägnant schreibt —, Natur als Landschaft ist selbst nichts naturhaft-Übergeschichtliches, sondern sie ist selbst geschichtlichen Wesens. Nicht aus dem trivialen Grund, weil — auf seiten des Objekts — die reale Topographie der Landschaft geschichtlich sich änderte und heute, wie man so sagt, „zerstört“ wird — dabei bliebe sie ja als physische Kategorie erhalten —, sondern weil auf seiten des gesellschaftlichen Subjekts das Bedürfnis wie auch die Möglichkeit seiner Befriedigung geschichtlichen Ursprungs sind. Das Bedürfnis entsteht mit dem Zerfall einer die Welt als Kosmos umspannenden metaphysischen Ordnung, d.h. mit der Entstehung einer analytischen, die Natur als Totalität aufbrechenden mathematisch-experimentellen Naturwissenschaft in der beginnenden Neuzeit. Diese schafft aber auch zunehmend, durch die Entwicklung der Technologie, welche — wie Hegel sagt — ein „listiges“ Naturverhältnis herstellt, indem sie „Natur sich an sich selber abarbeiten läßt“, die Möglichkeit, von der Natur als Arbeitsraum sich zu *distanzieren* und sich ihr gegenüber in ein von praktischen Interessen losgelöstes betrachtend-ästhetisches Verhältnis zu setzen. Der ästhetische *Zauber* des Naturschönen setzt die theoretische *Entzauberung* der Natur und die praktische Befreiung von ihren Zwängen voraus. Mit anderen Worten, das Naturschöne ist eine genuin *bürgerliche* Kategorie, d.h. eine ästhetische Kategorie, die erst auf dem Boden der bürgerlichen Gesellschaft möglich und wirklich wurde. Denn was früher das Nutzland oder das Ödland war und über Jahrhunderte hin ungesehen und unbeachtet blieb, das feindlich Abweisende oder der Ort der Plackerei, wird nun zum Großen, Erhabenen und Schönen: es wird ästhetisch zur Landschaft. Die zum Leben der Menschen gehörige Natur als bergende Umwelt und als sinnverheißende Ordnung, also als „ptolemäische Welt", wird ästhetisch in Form der Landschaft zum Inhalt der *Idee* der Freiheit, deren reale Existenz die bürgerliche Gesellschaft und ihre Herrschaft über die zum Objekt verdinglichte und unterworfene Natur als „kopernikanische Welt" zur Voraussetzung hat. Daher schreibt Joachim Ritter zu Recht: „Der Naturgenuß und die ästhetische Zuwendung zur Natur setzen die Freiheit und die gesellschaftliche Herrschaft über die Natur voraus. Wo Natur zu der Gewalt wird, die ihre Ketten zerbricht, und den Menschen, den schutzlos Gewordenen, fortreißt, da waltet im Furchtbaren der Schrecken, der blind ist. *Freiheit ist Dasein über der gebändigten Natur.* Daher kann es Natur als Landschaft nur unter der Bedingung der Freiheit auf dem Boden der modernen Gesellschaft geben."

Das Naturschöne ist also, als Modus gesellschaftlicher *Reflexion* von Natur, nichts Natürliches, sondern etwas in höchstem Maße *Geschichtliches.* Natur als ästhetische Kategorie ist geschichtlich entsprungen, und keine Seinsordnung wacht darüber, daß sie nicht auch wieder verschwindet. Im Gegenteil: Die große Kunst der Moderne ist antinaturalistisch bis in ihre innerste Fiber, sie vollzieht, mit Verspätung zwar, doch dann mit atemberaubendem Tempo, die gleiche Wende, mit der Descartes 1637 die gesamte, Jahrhunderte alte Denktradition abgeschüttelt hat. Mit dieser Wende tritt an die Stelle der „Natur" die „Subjektivität". Den Anfang machten hier die Romantiker, Friedrich Schlegel forderte 1803 in den „Allgemeinen Grundsätzen über die Malerkunst", daß der Maler ein Dichter sein solle, aber erst die Kubisten haben, worauf Arnold Gehlen eindrücklich hingewiesen hat, die Cartesianische Erkenntnistheorie geradezu adoptiert und damit die Natur als Sinnversprechen endgültig aus der modernen Ästhetik vertrieben.

Die Möglichkeit des Auftauchens und der Existenz des Naturschönen ebenso wie seiner emphatischen Evokation in der Kunst sind, wie wir gesehen haben, an eine ganz bestimmte historische Konstellation gebunden. Stellt man den Focus der Betrachtung aber schärfer ein, dann sieht man, daß die Dialektik von Naturbeherrschung und Naturgenuß, von *rationaler Entzauberung und ästhetischer Verzauberung* von Natur sich schließlich selbst verschlingt und eine Ästhetik freisetzt, die nur mehr am radikal *Künstlichen* ihr Genüge findet, programmatisch *anti-mimetisch* ist, damit auch keine kosmischen Wahrheiten mehr verkündet, sondern, wie die Technik, und oft genug mit deren avanciertesten Mitteln, neue Wirklichkeiten *schafft.*

Existenzgrund des, mit Schiller zu reden, „sentimentalischen“ — aber nicht ideologischen — Naturverhältnisses, also des Naturschönen als *authentischer* ästhetischer Kategorie, ist ein gewisses Maß begrifflicher Durchdringung, rationaler Zergliederung und fragmentarischer technischer Beherrschung von Natur, welche einerseits eine hinreichende Distanzierung des Subjekts von den stummen Zwängen einer zum mechanischen Objekt verdinglichten Natur erlauben, andererseits die Sehnsucht nach dem verlorenen, einmal lebendig und sinnhaft geglaubten Ganzen hervorrufen — *Entfremdung* also von Natur, welche die Bedingung aller Freiheit von ihr ist, die aber an sich selbst als Entfremdung noch leidet und daher die Utopie der Versöhnung noch auszubilden vermag —, welche zugleich jedoch die Entzauberung von Natur noch nicht so weit getrieben haben, daß jede Beschwörung einer natura naturans sofort als Ideologie und falscher Trost durchschaut würde. Ist diese transitorische Konstellation noch nicht oder nicht mehr gegeben, so ist das Naturschöne entweder unerlebbar oder seine deiktische Behauptung und künstlerische Evokation werden als Lügen erkannt.

Daher schreibt Adorno in der ‚Ästhetischen Theorie‘: „Das Naturschöne ist die Spur des Nichtidentischen an den Dingen im Bann universaler Identität.“ Er fügt an anderer Stelle des gleichen Werks jedoch hinzu: „Die Anamnesis der Freiheit im Naturschönen führt irre, weil sie Freiheit im älteren Unfreien erhofft“ — das ist geschrieben aus dem modernen Bewußtsein heraus, daß die Utopie der Versöhnung mit Natur letztlich doch nur falscher Schein ist, weil sie sich, gleichsam als zeitliche Umstülpung, einer ideologischen Erinnerung an paradiesische Zustände verdankt, die in Wahrheit niemals existierten.

Wenn der heute von ökoästhetischer Seite wieder so gerne zitierte zeitgenössische Theoretiker romantischer Landschaftsmalerei Carl Gustav Carus schreibt, daß die in allem gegenwärtige Natur und „ewig fortwirkende Weltschöpfung“ da, wo die „zerlegende Wissenschaft“ zur Herrschaft gekommen ist, auf das ästhetische Fühlen und auf „die freie Pro- und Reproduktion des Kunstgenius“ verwiesen ist und es so sei, „als wäre der unendliche Reichtum der Natur“ in einer Sprache geschrieben, welche jetzt der Mensch nur dadurch erlernen könne, daß er „durch den Vorgang eines verwandten Geistes einen Teil dieser Worte in seine Muttersprache übersetzt erhält“, so ist für ihn die „Herrschaft der zerlegenden Wissenschaft“ noch eine *illegitim usurpierte Herrschaft,* welche die eigentliche Wahrheit des schönen Kosmos verfehlt und verrät. Naturästhetik wird dann zum Statthalter einer höheren Wahrheit. Aber Carus hatte, als dessen Schüler, noch die Naturphilosophie Schellings im Rükken, die heute nicht mehr anschlußfähig ist.

Und wenn er an anderer Stelle von der „Künstlichkeit unserer sozialen Denkweisen“ spricht und dazu meint: „Wer auf diese Dinge genauer acht gibt, wird sich dann leicht überzeugen, daß jenes erst in unserer Zeit hervorgebrachte Bestreben, sich zeitweise wie zu einer Art von Naturadoration hinauszustürzen in die Wälder [...] und Berge, wirklich gleichsam eine Art von Instinkt ist, um sich ein Heilmittel zu suchen gegen die Krankheit des künstlichen Lebens und die Einwirkung desselben auf geistige Entwicklung“, so ist damit die Ideologie der Wandervogelbewegung schon vorformuliert. Hier schlägt die Entzauberung der Natur selbst in ihrer Feier durch, denn sie wird instrumentalisiert auf ihre psychohygienische Funktion als Ort der Erholung vom Streß des bürgerlichen Lebens. So besingt man keine heilige Natur, so empfiehlt man eine Recreation-Area. Solche Sätze könnten heute ohne weiteres auch in einem Reiseprospekt der Touristikindustrie stehen.

Mit zunehmender Rationalisierung und Entzauberung der Natur wird auch ihre ästhetische Verzauberung, ursprünglich das Palliativ gegen jene, immer schwerer, diese wird zuletzt als *falscher Zauber* durchschaut — und zwar nicht nur *kognitiv,* sondern auch *emotiv,* also *ästhetisch.*

Natur als Landschaft ist die ästhetisch empfundene *ptolemäische* Welt, welche über die Kälte der kopernikanischen tröstet — aber der moderne Mensch *denkt* nicht nur, er *fühlt* und *empfindet* auch *kopernikanisch* — er *weiß* nicht nur, er *sieht,* daß die Sonne *nicht* aufgeht, sondern daß die Erde sich dreht. Er weiß, daß das Grün Chlorophyl, und daß Chlorophyl Chemie ist, und danach empfindet er auch. Man kann auch den Mond nicht mehr besingen, nur mehr die Katzen und die Hunde können das, er ist kein lyrisches Symbol der Sehnsucht mehr, seit er ein Landeplatz von Raketen ist. Die Natur ist radikal entzaubert, alle Götter sind aus ihr vertrieben und ihre Spuren sind verwischt — selbst die Heideggerschen Holzwege sind heute asphaltiert.

Als *„einmalige Erscheinung einer Ferne, so nah sie sein mag"* — so definiert Walter Benjamin die „Aura", gleichsam als *Heiligenschein der Dinge.* Diese Definition ist am Naturschönen gewonnen und erst nachträglich, als Signum seiner Echtheit und historischen Zeugenschaft, von Benjamin auf das künstlerische Artefakt übertragen worden. Aber die Reproduzierbarkeit hat in der Moderne nicht nur die Aura des Werks, sondern auch die der Natur zerstört. Die Aura der Natur, dieser „Heiligenschein der Dinge", verdampft in dem historischen Augenblick, in dem Natur den Menschen nicht mehr als in sich sinnhafter und praktisch unerschöpflicher Lebensraum umgibt, sondern selbst vor dem zivilisatorischen Zugriff geschützt, in gewissem Sinn „reproduziert" werden muß, um als sogenannte „Natur", d.h. als funktionstüchtiger Assoziationsanreiz für konventionelle Naturgefühle, erhalten und her-gestellt zu werden.

Es liegt eine bittere Ironie in der Tatsache, daß gerade jene, die heute zu einer neuen Naturmystik neigen, gerne vom „Raumschiff Erde" reden: Denn mit dieser Metapher, die keine ist, sprechen sie jenen Sachverhalt unverblümt aus, den sie sonst gerne blumig zum Verschwinden bringen möchten: daß nämlich die gesamte Ökosphäre zum technischen Objekt geworden ist.

Was die Große Logik Hegels philosophisch lehrte, nämlich daß die Natur nichts anderes sei als der Geist in seinem Anderssein, ist nach dem Zusammenbruch des objektiven Idealismus in der total durchkapitalisierten Welt erst praktisch wahr geworden. „Natur" ist unter diesen Umständen entweder eine ideologische Phrase oder ein System von partiellen Differentialgleichungen — das allerdings seine eigene Schönheit hat, die Schönheit des Artifiziellen, die sich der geistigen Freiheit verdankt, der Lossage von der Natur und ihrer Unterwerfung.

„Der Hain ist Holz geworden, das Schöne zum Ding, der Tempel zu Klötzen und Steinen" — schrieb Hegel schon 1801, in der Morgenröte der Industrialisierung. Er hat selbst auf diesen Verlust mit Trauer reagiert, aber er wußte, daß der Verlust endgültig ist und hat sein Denken eingerichtet in der „Prosa der modernen Welt". Seine große Ästhetik bildet daher als Höhepunkt zugleich auch den Abschluß der idealistischen Ästhetik insofern, als sie diese radikal historisiert und zeigt, wie das Schöne in der geschichtlichen Bewegung sich *loslöst* von seiner symbolischen Bindung an das Wahre und Gute.

Hegel begreift als geistige Voraussetzung der romantischen Kunstform — d.h. der Kunst nach dem Zerfall der klassischen Formen — die in sich gekehrte und reflektierte Subjektivität des christlichen Individuums. Diese, durch den Protestantismus vertiefte, verinnerlichte Subjektivität der unendlichen Reflexion des Selbstbewußtseins schafft einen weltabgewandten Raum der Freiheit, von dem aus alle äußerlich aufgezwungenen, normativ verbindlichen Instanzen in ihrem selbstverständlichen So-sein in Frage gestellt, letztlich als geschichtliche Produkte einer sich ihrer Freiheit noch nicht bewußten Subjektivität durchschaut und damit in ihrer fraglosen Geltung erodiert werden. In der Aufklärung durchbricht dieser Prozeß der Autonomisierung des Subjekts die Eierschalen seiner christlich-transzendenten Voraussetzungen, das freie Verstandessubjekt setzt sich absolut und unterwirft die gesamte äußere Welt seinem vernichtenden Urteil. Einerseits Ursache und Symptom zugleich der Auflösung aller Gestalten einer substantiellen Sittlichkeit — Hegel spricht vom „Atheismus der modernen Welt" — ist die sich nach außen wendende Innerlichkeit andererseits zugleich oberste Instanz der Vergegenständlichung, der Objektivierung der Gesamtwirklichkeit — der Natur wie der Gesellschaft — durch ihr „vorstellend, herstellendes Denken" (Heidegger). Das schon bei Augustinus vorgebildete, bei Descartes zu sich selbst gekommene Prinzip der in Objektivierung umschlagenden Selbstbezüglichkeit des Subjekts ist das Prinzip der modernen Welt, sie führt in das Innerste der Wirklichkeit die Entzweiung ein und findet in der Bewegung der Negativität, in der *ertragenen Zerrissenheit,* die objektiv höchste Gestalt ihrer Bildung. In einer solchen Welt, wo alle Energie dem vormals lebendig geglaubten Kosmos entzogen und in der freien Subjektivität des Selbstbewußtseins versammelt ist, entschwindet die solide Totalität des Ideals der Schönheit als sinnlicher Ausdruck einer kosmischen Harmonie. Indem die romantische Kunstform die Ausdrucksmodalitäten des Subjekts als deus creatus in die Extreme treibt, die prosaischen Zustände aufnimmt, spielerisch gewähren läßt und jeden Formenkanon sprengt, mündet sie schließlich in die Negation und Aufhebung der Kunst als höchster Gestalt des objektiven Geistes: „Dadurch erhalten wir als Endpunkt des Romantischen überhaupt die Zufälligkeit des Äußeren wie des Inneren und ein Auseinanderfallen dieser Seiten, wodurch die Kunst selbst sich aufhebt und die Notwendigkeit für das Bewußtsein zeigt, sich höhere Formen, als die Kunst sie zu bieten imstande ist, für das Erfassen des Wahren zu erwerben."

Diese höheren Formen für das Erfassen des Wahren sind nach Hegel, entsprechend dem avanciertesten Stand des Bewußtseins in der Moderne, begrifflicher Art, also die verschiedenen theoretischen Verhaltensweisen des Menschen, die Wissenschaft, die Philosophie. Daher, schreibt Hegel, „bleibt die Kunst für uns nach der Seite ihrer höchsten Bestimmung ein Vergangenes".

Und an anderer Stelle: „Uns gilt die Kunst nicht mehr als die höchste Weise, in welcher die Wahrheit sich Existenz verschafft [...]. Man kann wohl hoffen, daß die Kunst immer mehr steigen und sich vollenden werde, aber ihre Form hat aufgehört, das höchste Bedürfnis des Geistes zu sein."

Sie sehen: Gegen ein geläufiges Vorurteil dekretiert Hegel 1830 durchaus nicht das Ende der Kunst schlechthin — im Gegenteil, er hofft, daß sie „immer mehr steigen und sich vollenden werde" —, aber als schöne hat sie in der wissenschaftlich-technischen Welt der bürgerlichen Gesellschaft ihre Wahrheit verloren. *Das Schöne ohne das Wahre aber ist das bloß Hübsche.* Das Schöne als „sinnliches Scheinen der Idee" findet in der Moderne sein Refugium nur noch im funktionsgerechten

Design — also in der Mimesis nicht an die Natur, sondern an den Begriff. Was für das Kunstschöne gilt, gilt erst recht und potenziert für das Naturschöne. Die Natur ist schön, weil und insofern sie den Begriff von ihr transzendiert, das Naturschöne ist die „Spur des Nichtidentischen", also dessen, was sich dem Subjekt, seinem Be-greifen, seinem Ein-greifen, seinem Zu-Griff entzieht. Das heißt aber, anders formuliert, das Naturschöne hat seine Basis im *Nichtgeistigen,* im reinen So-sein der Dinge, in ihrer *kontingenten Faktizität* — in dem also, was sich der Wahrheit, die nur im Begriff wirklich ist, entzieht. Weil daher das Naturschöne, nach Hegel, keinen Anteil an der Wahrheit hat, ist es, als ungeistig, gleichsam von minderer Qualität.

Wo Kant noch das Erhabene erblickte und das Sinnbild der Idee einer göttlichen Ordnung — er parallelisiert ja den Anblick des bestirnten Himmels über mir mit dem Sittengesetz in mir —, dort spricht Hegel nur von einem „bestirnten Ausschlag", er redet lakonisch vom „Naturlokal" und behauptet, daß beim Anblick des Gebirges nicht mehr Vernünftiges zu sagen sei, als: „So ist das!"

Das behauptet heute auch — und mit Recht, wie ich meine — das kurze Gedicht Ernst Jandls ‚auf dem land', das nur aus zwei Zeilen besteht und lautet:

heu
see

Die Hegelsche Nüchternheit gegenüber der Natur kommt hier selbst zu ihrem ästhetischen Ausdruck.

Wir sahen schon, daß das Naturschöne in nach-hegelschen Zeiten wieder gewaltig mobilisiert wurde, im Naturerlebnis selber, in der Kunst und in der ästhetischen Theorie, und zwar gerade in dem Maße, als die von Hegel anvisierte gesellschaftliche Versöhnung ausgeblieben ist — genau darauf bezieht sich ja die Marquardsche Kompensationstheorie von Natur versus Geschichte, von Ästhetik versus Geschichtsphilosophie. Aber das war wohl nur, wie wir heute wissen, ein langer elegischer Abgesang — Ausdruck eines „leeren Sehnens", wie Hegel sagen würde. Denn jener gesellschaftliche und technologische Rationalisierungsprozeß, der die ästhetische Naturvermittlung allererst notwendig und möglich gemacht hatte, hat diese letztlich selbst unterlaufen.

Für die reale gesellschaftliche Praxis und das nichtideologische Bewußtsein heute ist Natur kein „Mysterium“ mehr, sondern allenfalls ein *offenes Problem,* also ein Forschungsgegenstand, eine Rohstoffressource, eine Nutzfläche, ein Siedlungsraum, ein Erholungsgebiet oder — im besten Fall — eine Schutzzone. *Eine geschützte Natur aber ist keine Natur* — sie ist ein Artefakt, das sich aus einem Spiel von Eingriffen und bewußten, geplanten Enthaltungen ergibt, ein *Park,* ein *Museum* der Natur, das die Erinnerung an sie, als verlorene, aufbewahrt.

„Die belebten, die erlebten, die uns mitwissenden Dinge“, schreibt Rilke in einem Brief 1925, „gehen zur Neige und können nicht mehr ersetzt werden. Wir sind vielleicht die letzten, die solche Dinge noch gekannt haben. Auf uns ruht die Verantwortung [...], ihr Andenken zu erhalten.“ Das ist ein Dokument des *Abschieds* — eines *schweren* Abschieds, eines *langen* Abschieds, eines *traurigen* Abschieds, aber eines *endgültigen* Abschieds. Heute ist er vollzogen: Wir leben unwiderruflich „nach der Natur“, nicht nur ästhetisch, wie Karl Heinz Bohrer anhand des literarischen Prozesses der Moderne diagnostiziert, sondern auch physisch. Wir leben in einer künstlichen Welt, nicht in einem Bio-, sondern in einem Technotop mit etwas Grün dazwischen, sozusagen in der Maschine selbst, und nur durch Technik ist sie zu erhalten — wenn es denn unbedingt sein muß. Und es ist uns auch ästhetisch nur mehr das radikal künstliche erträglich, denn jede Versicherung: „Es gibt ja doch Natur!“ wird als verlogenes Handauflegen erlebt, das über den wahren Zustand der Welt hinwegtäuschen will: *Die Resurrektion der Natur ist ausgeschlossen, praktisch und ästhetisch.*

1954 schreibt Gottfried Benn das Gedicht ‚Melancholie‘, das den Abschied von der Natur lyrisch ratifiziert und dessen erste Strophe Karl Heinz Bohrer als Beweisstück heranzieht. Sie lautet:

Wenn man von Faltern liest, von Schilf und Immen,
daß sich darauf ein schöner Sommer wiegt,
dann fragt man sich, ob diese Glücke stimmen

und nicht dahinter eine Täuschung liegt,
und auch das Saitenspiel, von dem sie schreiben,
mit Schwirren, Dufthauch, flügelleichtem Kleid,
mit dem sie tun, als ob sie bleiben,
ist anderen Ohren eine Fraglichkeit:
ein künstliches, ein falsches Potpourri —
untäuschbar bleibt der Seele Agonie.

Bohrer kommentiert: „Das moderne reflexive Subjekt erlaubt sich nicht mehr, sich selbst in der Natur wiederzuerkennen. Die Natur hat im Reflexionsmodus der Moderne ihre das Göttliche und das Menschliche widerspiegelnde Symbolqualität eingebüßt. Es gibt über sie keine Rettung mehr aus der eingeschlossenen Subjektivität. Nur ein Umschlag in subjektlosen Objektivismus vermöchte das, etwa in den ‚Mythos' oder das ‚Heilige',ein Weg, den die späten Romantiker gewählt haben, dessen Wiederholung sich dem modernen Bewußtsein verbietet."

Wenn das so ist — und es ist so —, dann hat sich die Situation seit Ritters Reflexionen über das Naturschöne insofern dramatisch verschärft, als die seit dem 18. Jahrhundert bis zum Ausgang der klassischen Moderne wirksame Kompensationsmechanik zwischen Naturphilosophie und Geschichtsphilosophie außer Kraft gesetzt ist. Die nach dem Tode Gottes, d.h. nach dem Zusammenbruch einer glaubwürdigen Transzendenz, noch verfügbaren Sinnreserven Natur und Geschichte sind beide erschöpft: die Geschichte, weil wir nicht mehr an ihre Machbarkeit, schon gar nicht an einen objektiven, sich hinter dem Rükken der handelnden Akteure durchsetzenden Fortschritt glauben, also an eine „List der Vernunft"; die Natur, weil es sie als ein Jenseits der Gesellschaft nicht mehr gibt.

„Die nicht mehr anerkannte göttliche Natur", schreibt Bohrer, „beglaubigt keine historische Teleologie mehr, und die desavouierte Geschichtsphilosophie läßt keinen neuen Naturbegriff zur Hintertür ein. Wenn ein solcher Naturbegriff zur Zeit als literarisches Symbol oder als kulturkritisch-politisches Projekt gehandelt wird, so bedeutet dies immer nur eine dezisionistische Reaktion des Subjekts ohne objektive Begründungsfähigkeit."

Was bleibt, ist das radikal vereinzelte Subjekt, das in keinem wie immer gearteten „Ganzen" sich mehr wiedererkennt, weder in einer an sich daseienden harmonischen Natur, noch in einer sinnvollen Gesellschaft, schon gar nicht in einer realisierbaren großen Utopie. So erfährt es die Welt nicht einmal mehr als *schlecht* und insofern als *verbesserungsfähig* — es erfährt sie als *absurd.*

Um dieses Subjekt abzusetzen vom historischen, konzipiert Bohrer es als *ästhetisches.* Dessen Haltung scheint mir aber ununterscheidbar von der eines *nihilistischen Skeptizismus* — der Haltung Nietzsches gleichsam, abzüglich seines heute unerträglichen Vitalismus.

In der letzten Strophe seines Gedichts ‚Nur zwei Dinge' hat Gottfried Benn diesen Gefrierpunkt des Ästhetizismus eng und scharf umrissen:

> Ob Rosen, ob Schnee, ob Meere,
> was alles erblühte, verblich,
> es gibt nur zwei Dinge: die Leere
> und das gezeichnete Ich.

Damit ist zugleich der Fluchtpunkt der Verstandesaufklärung bezeichnet, jener Punkt, in dem sie mit der romantischen Subjektemphase konvergiert. Ein unwirtlicher, ein schwer erträglicher, ein eisiger, ein unwahrscheinlicher Punkt, aber ein kostbarer Punkt, den es festzuhalten gälte, mit viel Energie, ernstem Pathos, doch ohne Sentimentalität. Die spanische Moralistik hatte ihm lange schon einen Namen gegeben. Sie nannte ihn: *Desengaño.* Gewinnen kann man mit ihm gar nichts und niemand, vor allem keine Proselyten; daher ist er auch politisch zu nichts zu gebrauchen. Er verspricht kein Glück außer einem: die böse Lust der Erkenntnis. Auf ihm zu balancieren ist schwierig und gefährlich, der Halt auf ihm erfordert ein strenges Ethos, denn bei der geringsten Unaufmerksamkeit, Schwäche oder Nachgiebigkeit droht der Absturz in einen neuen Mythos, der wie immer ein ganz alter wäre, hieße er nun Natur, Geschichte, Moral, oder, wie sie heute gerne sagen: „Menschlichkeit", ohne zu bedenken, zu was die fähig ist; in den warmen Schoß von

„Sinn“, in eine pseudoreligiöse „Bindung“, die man eingeht, nicht, weil man glaubt, sondern weil man es für gesund hält und förderlich dem Wohlbefinden, einen Glauben zu haben und eine Hoffnung: Sinnprothesen für eine Frömmigkeit aus Pragmatismus. So wird man tüchtig.

Die interessierten Verkäufer dieser Lügen, von Zielen und Werten und Zwecken und Idealen, die Pädagogen und Ideologen, die Apokalyptiker und Retter der Menschheit, haben in solchen Zeiten Konjunktur. Die Rettung aber wäre allemal schlimmer als der Untergang, der ohnehin kommt, über kurz oder lang, für jeden. Denn das hieße mit den Rettern leben, bis dahin.

Jänner 1990

Sohn-Rethels Problem

Again! again! again!
Thomas Campbell

Alfred Sohn-Rethel, einer der wichtigsten marxistischen Theoretiker des 20. Jahrhunderts, ist am 6. April 1990 im 92. Lebensjahr in Bremen gestorben. Sein zum größten Teil im Exil entstandenes Werk, das der „kritischen Liquidierung des Kantischen Apriorismus“ gewidmet ist, blieb der Öffentlichkeit über Jahrzehnte unbekannt. Erst 1970 erschien sein Hauptwerk: ‚Geistige und körperliche Arbeit. Zur Theorie der gesellschaftlichen Synthesis‘. Als Theodor W. Adorno in den dreißiger Jahren Sohn-Rethels „soziologische Theorie der Erkenntnis“ kennenlernte, sprach er von der größten geistigen Erschütterung seines Lebens seit seiner Begegnung mit Walter Benjamin. Wie dieser blieb jedoch auch Sohn-Rethel ein Außenseiter des akademischen Betriebs.

„Wir kennen nur eine einzige Wissenschaft, die Wissenschaft der Geschichte“, schrieben Marx und Engels 1845 in der ‚Deutschen Ideologie‘ — und dann haben sie den Satz gestrichen. Dem Versuch, diese Streichung rückgängig zu machen, hat Alfred Sohn-Rethel sein Leben gewidmet. Einem einzigen Problem, einem scheinbar bedeutungslosen und winzigen Problem; in Wahrheit einem Problem von ungeheuren Dimensionen, sowohl in seinen Voraussetzungen wie in seinen Folgen.

Denn wenn auch alles Erkennbare geschichtlich ist, der Erkenntnisapparat des Subjekts soll es nicht sein: so will es die philosophische Tradition. Wenn die Phänomene der Natur eine Geschichte haben, zögernder zwar, doch nicht weniger als die der Gesellschaft, ja vielleicht sogar die Naturgesetze selber, nach denen die Veränderung statt hat, so sollte doch die allgemeine Gestalt dieser Gesetze, ihre abstrakte, identitätslogische Struktur, am prägnantesten ausgestanzt in der mathematischen Formel, überhistorische Geltung haben. Wie die Kantische ‚Kritik der reinen Vernunft‘ gezeigt haben will, ist die kategoriale

Form der Erkenntnis nicht selbst der Erfahrung „abgelauscht", sondern sie ist der zeit- und weltlose Rahmen, der Erfahrung überhaupt erst ermöglicht. Er sei in den „Tiefen der menschlichen Seele" verankert, als Vermögen der Vernunft: Die Formen der Anschauung, Raum und Zeit, und die Kategorien des reinen Verstandes seien als Eigenschaften des Subjekts dem Objekt als Bedingung der Möglichkeit seines Erscheinens transzendental vorgeordnet.

Das Kantische Transzendentalsubjekt ist selbst nichts Empirisches, sondern die Bedingung aller Empirie, daher auch die von Geschichte, als einem empirisch-zeitlichen Geschehen. Es selbst ist der Geschichte entzogen, die logische Struktur des Denkapparats ist nach Kant der subindividuelle und subhistorische Grund aller Erfahrung, der die Menschen in *einer* Welt leben läßt, die Individualsubjekte verbindet und zu Gliedern einer Gemeinschaft macht, sie ist die abstrakte, ahistorische und asoziale Voraussetzung von Gesellschaft, von Wissenschaft, Geschichte und Moral.

Die Frage, woher das Denkvermögen stammt, das der Welt die Gesetze „vorschreibt", und die spezifische identitätslogische Struktur der transzendentalen Subjektivität, wird von Kant nicht beantwortet und ist auf dem Boden seiner Philosophie auch gar nicht sinnvoll formulierbar. Für den Marxismus ist die Frage ein Stachel, weil die Ahistorizität der Erkenntnisvermögen seinen Anspruch auf absolute Vergeschichtlichung alles Seins von innen unterhöhlt.

Der Versuch, diesen Stachel zu brechen, ist das Lebenswerk Sohn-Rethels. Denn die Lösung des scheinbar esoterischen Problems der Erkenntnistheorie entscheidet über die Möglichkeiten der menschlichen Entwicklung. War doch die Kantische Theorie der Erkenntnis gleichsam als Fundamentalepistemologie der Naturwissenschaft Newtonschen Typs konzipiert, deren geschichtslose Form auch die Struktur des modernen Produktionsapparats prägt, welche ihrerseits die mögliche Form der Vergesellschaftung als „Sachzwang" bestimmt. Schon Kant selbst hat in seinem Spätwerk die naturwissenschaftlichen Instrumente als Weiterentwicklungen und Konkretisierungen der transzendentalen Schemata des Subjekts interpretiert. Die

Weiterentwicklung der Instrumente aber ist nichts anderes als die Maschinerie, die sich heute zu einer zweiten Natur weltweit zusammenschließt und verfestigt: Wir leben in einem technologischen Universum. Daher schreibt Sohn-Rethel zu Recht: „Zur Schaffung des Sozialismus wird verlangt, daß es der Gesellschaft gelingt, sich die moderne Entwicklung von Naturwissenschaft und Technologie zu subsumieren. Wenn die naturwissenschaftlichen Denkformen und der technologische Aspekt der Produktivkräfte sich aber der geschichtsmaterialistischen Betrachtungsweise wesensmäßig entziehen, so ist eine solche Subsumtion unmöglich. Dann geht die heutige Menschheit nicht dem Sozialismus, sondern der Technokratie entgegen, einer Zukunft also, in der nicht die Gesellschaft über die Technik, sondern die Technik über die Gesellschaft herrscht. Wenn es dem Marxismus nicht gelingt, der zeitlosen Wahrheitstheorie der herrschenden naturwissenschaftlichen Erkenntnislehren den Boden zu entziehen, dann ist die Abdankung des Marxismus als Denkstandpunkt eine bloße Frage der Zeit.“

Da alle diese Lehren in letzter Instanz im Kantianismus gründen, handelt es sich also darum, das Kantische Apriori als ein Posteriori zu erweisen, den innersten Kern des Transzendentalsubjekts als ein geschichtliches Produkt, den Schematismus des abstrakten Verstandes als Resultat einer gesellschaftlich vollzogenen Abstraktion.

Und Sohn-Rethel gelingt dies mit einem Coup, den der mit Lob sehr sparsame Th. W. Adorno genial genannt hat: Ausgehend von der Wertformanalyse der Ware entdeckt Sohn-Rethel in der Realabstraktion des Tausches den genetischen Springpunkt der Denkabstraktionen des Verstandes. Denn im Tausch vollziehen die Menschen wirklich, was sie im Denken bloß ideell vollziehen: sie sehen ab von der qualitativen Beschaffenheit der Dinge und setzen sie als Werte einander gleich. Sie wissen es nicht, aber sie tun es. Der Tauschwert der Ware subsumiert den Gebrauchswert unter sich und macht das Verschiedene gleich, wie der abstrakte Verstand die Dinge in der formalen Kalkulation. Der Tausch ist nach Sohn-Rethel die praktische Urform der ideellen Identitätslogik, das abstrakte Denkvermögen des Subjekts verdankt sich der Internalisierung der Formalstrukturen abstrakter Vergesellschaftung durch geldvermittelten Warenverkehr. Aus der Analyse der Ware, diesem „höchst vertrackten Ding, voller philosophischer Spitzfindigkeiten und theologischer Mucken" (Marx), letztlich aus der Analyse des Geldes, der allgemeinen Ware und dem Gesellschaftlichen par excellence, dem „sinnlich-übersinnlichen Wesen" des Sozialen, rekonstruiert Sohn-Rethel die Genesis des Kantischen Transzendentalsubjekts: „Das Geld", sagt Sohn-Rethel, ist „die bare Münze des Apriori".

Der nach Kant rätselhafte Ursprung des Vermögen des Subjekts, das „Gewühle der Empfindungen" in geordnete Erfahrung zu transformieren und „synthetische Urteile a priori" zu bilden (schon Nietzsche hat in ‚Jenseits von Gut und Böse' auf die Kantische Lösung des Problems mit beißendem Spott reagiert: „Wie sind synthetische Urteile a priori möglich? fragte sich Kant — und was antwortete er eigentlich? Vermöge eines Vermögens; leider aber nicht mit drei Worten, sondern so umständlich, ehrwürdig und mit einem solchen Aufwande von deutschem Tief- und Schnörkelsinne, daß man die lustige niaiserie allemande überhörte, welche in einer solchen Antwort steckt"), liegt nach Sohn-Rethel nicht im Individuum unmittelbar, auch nicht in der Arbeit, seiner produktiven Auseinandersetzung mit der Natur, sondern in der von der Arbeit losgelösten, abstrakten Vergesellschaftung durch das Geld.

Wie für Heidegger ist auch für Sohn-Rethel das „Ding" eine vom „Zeug" der Arbeitswelt abkünftige Entität; es konstituiert sich als mit sich selbst identisches erst in einer bestimmten, der Arbeitswelt enthobenen, in sich selbst schon theoretischen Lebenspraxis. Nur hat für Sohn-Rethel diese Lebenspraxis eine historisch bestimmte ökonomische Struktur.

Den schon zu Tode zitierten Marxschen Satz, daß nicht das Bewußtsein das Sein, sondern das gesellschaftliche Sein das Bewußtsein bestimme, Axiom aller materialistischen Ideologiekritik, nimmt Sohn-Rethel wesentlich ernster als diese und radikalisiert ihn in ungeheurem und bis dahin beispiellosem Maß: Nicht nur die *Inhalte* des Bewußtseins seien gesellschaftlich bestimmt, sondern auch seine abstrakten *Formen.* Damit sprengt er den faktischen Solipsismus des Transzendentalsubjekts, dessen Allgemeinheit idealistisch nur behauptet werden kann, weil er die Transzendentalität nicht in die Tiefe des Individuums, sondern an die Oberfläche der Zirkulationssphäre verlegt, deren Knotenpunkte die Individuen bloß bilden: sie konstituierend, sind sie von ihr konstituiert zugleich. In Form der transzendentalen Synthesis der Apperzeption reproduziert das Individuum monadologisch in sich selbst die transzendentale Synthesis der Gesellschaft durch das Geld. Nicht zufällig seien daher der Münzverkehr und die Grundformen kategorialen logischen Denkens uno actu entstanden: um 600 v. Chr. in ionischen Raum. Im Tausch nämlich begegnen sich nicht bloß, durch Geld vermittelt, zwei Waren, sondern auch thematisierungsfähiges Sein und intersubjektiv verbindliches Denken überhaupt.

Die materialistische Ableitung der Kategorien des reinen Verstandes aus der Realabstraktion des Tausches bestreitet nicht die Geltung der Kantischen Erkenntnistheorie für eine bestimmte Epoche der menschlichen Entwicklung, im Gegenteil, sie gibt ihr erst ein Fundament in der gesellschaftlichen Praxis — die „materialistische Anamnesis der Genesis" (Adorno) setzt die Geltung nicht außer Kraft; wohl aber bestreitet sie die Universalität und Zeitlosigkeit ihrer Wahrheit.

Mit der These vom geldvermittelten Tausch von Äquivalenten als dem historischen Apriori der Vernunft führt sie ins Innerste des Transzendentalsubjekts die Geschichte ein und läßt seinen idealistischen Schein erkennen als notwendige Erscheinung eines gesellschaftlichen Wesens: ein Schulfall Hegelscher „Aufhebung", wenn man so will, allerdings auf materialistischer Basis.

(Nur en passant gesagt: Die von radikalfeministischer Seite gelegentlich lancierte These von der Existenz einer spezifisch weiblichen Logik, welche ein uraltes männliches Vorurteil umwertend reproduziert und deren biologistische Begründung absolut unplausibel und reaktionär wäre, könnte im Anschluß an die These Sohn-Rethels eine überraschende Erklärung und Auflösung erfahren. Denn Frauen waren jahrtausendelang, und nicht erst in den Hochkulturen, an die unmittelbare Gebrauchswertproduktion, an den „Haushalt", gebunden und aus der Sphäre der Zirkulation, dem Ort der Genesis und der Bewährung abstrakten Denkvermögens, weitgehend ausgeschlossen. An der Warenzirkulation nahmen sie allenfalls als Objekte teil, als Güter des Tausches, nicht als Subjekte des Handel(n)s. Daher erhob ihr Denken sich nicht auf die Höhe des abstrakten Begriffs, der „männlichen" Logik rein quantitativer Äquivalenzen, sondern blieb „henidenhaft" (O. Weininger) an das qualitativ-Konkrete gebunden: Inferior vom Standpunkt gesellschaftlich herrschender Logizität, ist es dieser überlegen als Ort des Einspruchs gegen die mit der Abstraktion einhergehenden Verluste. Mit dem Eintritt der Frauen in die Zirkulation als Subjekte, der sogenannten „Emanzipation", ändert sich das, wie man weiß, sehr rasch: Es gibt kein geschlechtsspezifisches Substrat der Logik, wohl aber eine geschlechtsspezifische Stratifikation der Gesellschaft, die auch eine der Logik ist.)

Der Kantische Ausdruck ‚Kritik der reinen Vernunft' ist ambivalent: es herrscht im zweiten Term des Titels ein unentschiedenes Gleichgewicht von genitivus subiectivus und genitivus obiectivus. Sohn-Rethel verlagert das Gewicht eindeutig auf den letzteren, behält die diskursive Form der Auseinandersetzung aber bei und, was das Entscheidende ist, auch die Bedeutung, die Kant dem Begriff „Kritik" gegeben hatte. Das unterscheidet ihn sowohl in der Form als auch in der Intention von der heute modischen „Vernunftkritik". Nicht um Negation und „Überwindung" der formalen Logik ist es Sohn-Rethel zu tun, sondern um die Klärung der Bedingung ihrer Möglichkeit, um die Bestimmung ihrer Genesis, ihrer Möglichkeiten und Grenzen. Er singt nicht das Lob des Irrationalen, sondern plädiert für eine erweiterte Vernunft: für eine Vernunft, die sich selbst begreift. Es geht ihm, wenn man so will, um eine selbst wiederum transzendentale Kritik der Transzendentalität, um eine geschichtsmaterialistische am Idealismus. Er beschwört daher auch nicht eine andere Technologie, eine qualitativ andere Naturwissenschaft, träumt nicht von der Freisetzung eines „mitproduzierenden Natursubjekts" (E. Bloch), sondern sucht die Möglichkeiten eines anderen Naturumgangs über eine Revolutionierung der gesellschaftlichen Organisation der Arbeit — über eine Aufhebung der Trennung von Hand- und Kopfarbeit.

Hier aber beginnt erst Sohn-Rethels Problem. Denn wenn seine These richtig ist und die Entstehung der abstrakten Denkformen die Klassenspaltung der Gesellschaft, die Trennung von geistiger und körperlicher Arbeit und die Verselbständigung einer geldvermittelten Zirkulationssphäre zur Voraussetzung hat, und wenn es diese Denkformen sind, welche über die Vermittlung der experimentell-mathematischen Naturwissenschaft in der Technologie, im Ensemble des materiellen Produktionsapparats, gegenständliche Gewalt annehmen, dann bedeutet seine kritische Liquidierung des idealistischen Apriorismus auch die materialistische Liquidierung der Marxschen Revolutionstheorie. Denn diese hatte darauf vertraut, daß die vom Kapital entwickelte Maschinerie eine Produktivkraft der *Arbeit* sei, die zunehmend mit den privaten Aneignungsformen und den Gesetzen der Zirkulation, die sie nur äußerlich synthetisiere, in Widerspruch gerät; an die Stelle der Synthesis durch die Wertabstraktion sollte die Synthesis durch die Arbeit treten. Die Formel, daß die Produktivkräfte die Produktionsverhältnisse „sprengen" werden, machte nur unter dieser Voraussetzung einen Sinn: daß die Produktion einer strukturell anderen Logik gehorcht als die Zirkulation. Sohn-Rethel zeigt aber, daß genau das nicht der Fall ist: Er zeigt, daß die identitätslogische Form der instrumentell vermittelten Naturaneignung in der Zirkulationssphäre selbst ihren Ursprung hat und daß daher die Naturwissenschaft, die dieser Logik folgt, „Kapitaltätigkeit kat exochen" (Oetzel) ist. Die Maschinerie, in der die Resultate der kapitalkonformen Wissenschaft sich vergegenständlichen, ist daher keine Produktivkraft der Arbeit, sondern eine Produktivkraft des Kapitals. Sohn-Rethel zeigt, daß der Widerspruch zwischen Kapital und Arbeit, zwischen Zirkulation und Produktion sich nicht verschärft, sondern mit Durchsetzung des Wertprinzips tendenziell sich auflöst, weil die Äquivalenzlogik des Tausches, vermittels der Maschinerie, in den produktiven Grund zurückgeht und die lebendige Arbeit selbst kapitalförmig macht; er zeigt, daß jenes mythische Subjekt des Widerstands, der nach Lucács „nicht zu verdinglichende Rest" lebendiger Arbeit, restlos dem Kapital subsumiert wird, weil dessen Logik den innersten Kern von Subjektivität erfaßt. Er will es nicht, aber er tut es.

Sohn-Rethel hat gegen diese Konsequenz seiner Theorie sich buchstäblich mit Händen und Füßen gewehrt, aber je präziser er seine These faßte, desto schärfer traten ihre Folgerungen hervor. Gerade das aber macht Sohn-Rethels Größe aus: Denn die Kraft eines Denkers bemißt sich daran, inwieweit er gegen seine eigenen Sympathien denkt und durch seine Resultate rückwirkend noch die Motive zerstört, die sein eigenes Denken ursprünglich antrieben. Durch Historisierung des idealistischen Erkenntnissubjekts und den Nachweis des Klassencharakters formaler Logizität wollte er Wissenschaft und Technologie als Produkt der Trennung von Hand- und Kopfarbeit erweisen und damit die theoretische Basis legen für eine klassenlose Gesellschaft. Doch gerade das Gelingen seines theoretischen Projekts impliziert das Scheitern seiner praktischen Hoffnungen — aus dem Zauberkreis der Wertformanalyse gibt es kein Entkommen, wenn der Wert real den gesamten Gesellschaftskörper durchdringt. Er selbst hat die Alternative gestellt und contre coeur entschieden: Die heutige Menschheit geht nicht dem Sozialismus, sondern der Technokratie entgegen. Indem er alles in Geschichte auflöst, demonstriert er die Unerbittlichkeit ihrer Verwandlung in zweite Natur. Wogegen Sohn-Rethel noch protestiert, und im übrigen auch die ohne ihn undenkbare ‚Negative Dialektik' Adornos, das nimmt die Luhmannsche Systemtheorie schon affirmierend zur Kenntnis: die zunehmende *Vereisung* der Gesellschaft. Aber er liefert selbst dafür die Erklärung. Das ist Sohn-Rethels Problem und das ist das Problem des Marxismus heute. Er kann die Logik der Welt noch genetisch begreifen, ändern kann er sie nicht mehr — es sei denn um den Preis der Regression, ein Weg, den die „Postmodernen" gewählt haben und der sich dem aufgeklärten Bewußtsein verbietet.

April 1990

In Zapparonis Garten oder Die Perfektion der Natur

> Wir reißen uns los vom friedlichen Εν και Παν der Welt, um es herzustellen, durch uns selbst. Wir sind zerfallen mit der Natur, und was einst, wie man glauben kann, *eins* war, widerstreitet sich jetzt, und Herrschaft und Knechtschaft wechselt auf beiden Seiten. Oft ist uns, als wäre die Welt *alles* und wir *nichts*, oft aber auch, als wären wir *alles* und die Welt *nichts*.
>
> *Friedrich Hölderlin*

> Eine Maschine ist dressierte Materie.
>
> *Paul Valéry*

„Es gibt", schreibt Karl Kraus 1907 in sarkastischer Reaktion auf Sigmund Freuds zwei Jahre zuvor erschienene ‚Drei Abhandlungen zur Sexualtheorie', „kein unglücklicheres Wesen unter der Sonne, als einen Fetischisten, der sich nach einem Frauenschuh sehnt und mit einem ganzen Weib vorliebnehmen muß." Denn dieser Mensch, so darf man interpretieren, sehnt sich nach Künstlichkeit und Raffinement, nach Phantasie und einer Kunst der Nerven, und er wird abgespeist mit einem Stück Natur.

Gewiß: Den Frauenschuh muß auch jemand tragen, oder zumindest muß er getragen worden sein, sonst kommt er als erotisches Objekt nicht in Betracht. Er muß also selbst Natur in sich bergen, wenigstens als deren Versprechen oder Spur. So bleibt Natur doch Ziel des Begehrens, doch nur als dessen zurückweichender Horizont, die Lust wird aufgestachelt gerade in dem Maße, als jener im Erreichen sich entzieht und anwest nur durch seine Abwesenheit. Der radikale Entzug wäre ebenso wie der glatte Konsum der Tod der Lust, des sich selbst genießenden Begehrens. Denn bleibt man beim ersten hungrig, so wird man beim zweiten satt; beides ist ein tierischer Zustand, menschlich ist nur der Appetit.

Natur, die sich schenkt, oder die erobert wird, sei es durch Arbeit, Gewalt oder List, gewährt bloße Erfüllung der Triebe, und die ist als solche banal. Als Substrat des „Systems der Bedürfnisse" gehört Natur zur Ökonomie, die Lust aber als reflektierter Trieb und suspendierte Erfüllung liegt jenseits der determinierten Zwecke, also im Bereich der Freiheit, der Kunst.

Der Satz von Hugo v. Hofmannsthal: „Die Wollust liebt die Mittel, nicht das Ziel", ist wahr durch seine paradoxe Verkehrung, doch setzt er in äußerliche Beziehung, was tatsächlich in sich vermittelt ist. Ziel und Mittel der Lust sind keine isolierbaren Entitäten, vielmehr ist jenes die innere Transzendenz von diesem; daher der Vorrang des Mittels.

Der menschliche Trieb ist Natur und doch nicht Natur, d.h. er ist durch den Geist gebrochene und vermittelte Natur. Der Geist aber ist das Negative, der unheilbare *Riß* in der Natur, diese selbst bloß pralle Positivität, von der schon Hegel nicht mehr zu sagen wußte als: „So ist das!", denn ihr geht jedes Spiel der Freiheit ab —

„Spiel" durchaus auch verstanden in jenem Sinn, in dem die Techniker den Begriff verwenden: als Name der Toleranz, des kleinen Abstands, der inneren Distanz, des freien Raumes zwischen den festen Teilen einer Maschine, der deren Dynamik erst ermöglicht. Ort des Indeterminismus im starren Gefüge der Kausalität, ist das Spiel der Teile die Bedingung für ihre relative Beweglichkeit, wie es die Ursache ist für deren Verschleiß. Erst das Spiel haucht der Maschine so etwas wie Leben ein, zwar nicht als Antrieb, wohl aber als Bedingung der Möglichkeit, sich als solcher zu äußern, ein Stück Freiheit also, an der sie letztlich auch zugrunde geht.

So entspringt auch aus der Mechanik der Triebe bewußte Lust nur insoweit, als der Trieb von seiner eigenen Naturbasis sich losreißt, sich spaltet, sich zu sich selbst in ein reflexives Verhältnis setzt und als Begierde des eigenen Fleisches nicht nach fremdem Fleisch verlangt, sondern nach der Begierde des fremden Fleisches. Die menschliche Begierde ist menschlich nur insofern, als sie eine Begierde begehrt, und nicht Natur, sie ist selbst, wie Kojève sagt, der Tod der Natur. Ihre Lust ist Vorlust, ihre Vorlust Lust.

Die Natur an sich als stummer Trieb ist dumm, weil sie keine Distanz in sich hat, sich zu genießen, die wahre Perversion des Humanen ist daher nicht der Fetisch, jenes erste Element der Kulturalisation, sondern die Ideologie der Natürlichkeit.

Natur ist das, was mit sich selbst identisch ist, Freiheit aber ist Nichtidentität mit sich selber — daher gibt es das Humane nur dort, wo es Entfremdung gibt, vom anderen und von der Natur. „Entfremdung“ ist inhuman, aber sie ist die Bedingung aller Humanität. „Es kömmt darauf an, wie man mit ihr umgeht.“

So steht es also um die Natürlichkeit, die man uns heute wieder einmal zur Rettung anempfiehlt, als Heilmittel gegen die Schäden der Zivilisation und zugleich als Objekt des Schutzes vor deren zerstörerischem Zugriff. (Also sozusagen Natur im Status des genetivus subiectivus und im Status des genetivus obiectivus zugleich.)

Aber die Natur, die man da retten will, weil sie zugleich der Ort der Rettung sei, die hat noch nie jemand gesehen. Natur an sich ist verschlossen wie eine Auster, und Sätze über sie sind möglich nur, insoweit sie vergesellschaftet ist — was man als Sinn ihr zuschreibt, ist Projektion.

Das Soziale ist das Apriori der Natur, nicht umgekehrt, zumindest insofern, als diese irgend inhaltlich bestimmbar ist; darüber hinaus ist sie das schlechthin Andere und Fremde. Das gilt für ihre mathematische Gesetzesstruktur nicht weniger als für ihre ästhetischen Qualitäten. Natur wird immer nur erfahren als schon denaturierte, d.h. als in Geschichte einbezogene.

„Keine Anschauung“, schreibt Paul Valéry in den ‚Cahiers‘, „ist naiver als diejeniger, die alle dreißig Jahre zur Entdeckung der ‚Natur‘ führt. Es gibt keine Natur. Oder genauer: was man als gegeben annimmt, ist allemal, früher oder später, hergestellt worden [...]. Man stellt sich vor, es gebe ein solches Ursprüngliches. Doch das Meer, die Bäume, die Sonne — und gar das Menschenauge — all das ist Kunst.“ Natur ist nichts ursprünglich Gegebenes, sondern ein *grammatischer Effekt.* So scheint das Ajektiv „natürlich“ abgeleitet zu sein vom Substantiv „Natur“: Als natürlich gilt das, was der Natur gemäß ist. In Wahrheit verhält es sich umgekehrt: Natur ist die Hypostasierung des Natürlichen, das Wort bloß die semiotische Zusammenfassung durchaus disperser Eigenschaften, ein Kürzel oder auch ein Grenzbegriff, also eigentlich gar kein Begriff, sondern im Kantischen Sinn eine „Idee“, modern formuliert ein Signifikant auf der dauernden Suche nach einem Signifikat. Wir kennen Natürliches nur als analytisches Moment an Dingen und Verhältnissen, niemals als reines Destillat. Natur als solche ist sinnlich nicht erfahrbar, und daher auch nicht faßbar im Begriff. Als Vorstellung stammt sie aus ihrem Widerpart, dem Sozialen.

Als natürlich gilt uns dort, was einem selbstverständlich ist, von dem man ohne nachzudenken annimmt, daß es so richtig sei und es sich so gehört, natürlich ist das Hergebrachte und das, was man so tut, weil jeder meint, daß alle es so tun. Natürlich ist die Normalität, die gar nicht weiß, daß sie eine Norm erfüllt, natürlich ist Hegels „substantielle Sittlichkeit“ und natürlich ist heute die Ideologie des juste milieu. Natürlichkeit begründet das Ideal des Schlichten, von der schmackhaften Hausmannskost bis zu reproduktiven Missionarsstellung, wenn man natürlich ist, fällt man nicht auf und kommt nicht ins Gerede, natürlich ist das Gewohnte und Bewährte, deshalb liegt es assoziativ so nahe am *Gesunden.* Natürlich ist das, wozu eine andere Möglichkeit gar nicht einfällt, ist der glatte Lauf der Ereignisse, aber auch der Gedanken und Gefühle.

Wie sehr die Ordnung der Natur politisches Phantasma ist, das reflexiv die soziale Ordnung stützt, möchte ich, indem ich ihn gegen den Strich lese, an einem literarischen Text erläutern, der gleichsam seismographisch das erste Zittern jenes Bebens verzeichnet, das uns heute, mitten in der ökologischen Krise, kulturell erschüttert. Zugleich greift der Text über dieses Beben utopisch schon hinaus, indem er nicht mehr die sogenannte „Zerstörung der Natur“ zum Thema macht, sondern ihre *technische Verbesserung,* die als Antwort auf die Krise zu erwarten ist. Er schildert damit eine Welt, die so total technifiziert ist, daß sie schon wieder als Natur erscheint, und als denaturiert erlebt wird nur von einem, der aus einer anderen Epoche stammt. Ich rede von Ernst Jüngers Erzählung ‚Gläserne Bienen‘ aus dem Jahre 1957.

Das Datum ist wichtig: Es ist das Jahr des „Sputnik“, Europa lebt seit 12 Jahren pseudofriedlich im Schatten der Bombe, die DNS wurde gerade entschlüsselt, es ist die Zeit der höchsten Fortschrittseuphorie. Von Ökologie spricht öffentlich noch niemand, „Umwelt“ ist noch kein politischer Begriff, sondern einer der Heideggerschen Daseinsanalytik, Rachel Carsons ‚Silent Spring‘ erscheint erst fünf Jahre später. Der Transistor ist als Erfindung zwar schon zehn Jahre alt, bezeichnet im Alltagsleben aber nur das Kofferradio, und von „Mikroelektronik“ ist noch ebensowenig die Rede wie von „Gentechnologie“.

All das sollte man bedenken, will man die divinatorische Kraft des Textes beurteilen und die Fähigkeit des späten Jünger, erste Anzeichen einer kommenden Entwicklung zu registrieren und in kritische Distanz zu ihnen zu treten — was umso erstaunlicher ist bei einem Autor, der 1932 mit seinem großen Essay ‚Der Arbeiter‘ den industriellen Imperialismus noch hymnisch gefeiert und die Technik heroisiert hatte — allerdings damals schon in so ambivalenter Weise, daß in Reaktion auf diesen durch und durch faschistischen Text der ‚Völkische Beobachter‘ drohte, Jünger nähere sich jetzt der Zone der Kopfschüsse, während der Kommunist Radek an der „Gestalt“ des „Arbeiters“ Züge Lenins zu erkennen glaubte ...

Wenn ich gelegentlich unseres Themas „Kunst in der Natur“ an den in der Linken noch immer tabuisierten Ernst Jünger erinnere, so deshalb, weil er als Künstler und Essayist wie nur wenige über die Heraufkunft einer künstlichen Welt nachgedacht hat und dabei schon früh von politisch rechter Seite zu Aussagen kommt, die heute in der Linken en vogue sind. Es handelt sich also auch um ein Stück „Vergangenheitsbewältigung“.

Zugleich möchte ich meine Anmerkungen als Hommage an den großen alten Anarchen und konservativen Gegner verstanden wissen, anläßlich seines 95. Geburtstages, den er am 29. März dieses Jahres beging.

Jünger wählt als Protagonisten seiner Erzählung ‚Gläserne Bienen‘ einen Außenseiter, der deutlich autobiographische Züge trägt, einen Zeitzeugen einer untergegangenen Kultur, einen Fremden in seiner eigenen Zeit, der in Traditionen aufgewachsen ist, die ihre Verbindlichkeit verloren haben, einen modernen

Don Quixote, der von heroischen Taten und schönen Gesten träumt, die nicht mehr möglich sind — den Rittmeister a.D. Richard. (Das Militärische ist ja Jüngers Obsession.)

Früher war Richard militärischer Instruktor gewesen, nun, nach Revolutionen und Bürgerkrieg findet er sich arbeitslos in einer Epoche, die keine konservativen Werte mehr anerkennt und die Menschen auch seines Standes allein nach ihrer ökonomischen Verwertbarkeit beurteilt und behandelt. Richard, den Jünger seine Geschichte selbst erzählen läßt (was den autobiographischen Effekt seiner Erzählung noch steigert), sieht sich also genötigt, eine Arbeit zu suchen, ohne auf dem freien Markt eine klar umrissene und zeitgemäße Qualifikation offerieren zu können. So bieten sich von vornherein nur zwielichtige Positionen an.

Verschiedene Projekte scheitern, bis ihm schließlich ein Freund aus alten Tagen eine Stellung in den Industriebetrieben des Ingenieurs Zapparoni vermittelt.

In den von der Öffentlichkeit sorgfältig abgeschirmten Zapparoni-Werken werden, soviel sickerte durch, keine Maschinen im herkömmlichen Sinn fabriziert, welche bestimmte Produktionsaufgaben übernehmen, um das Leben zu erleichtern und von Arbeit zu entlasten, sondern Apparate, die das Leben selbst simulieren, vor allem winzige Roboter für unbekannte Zwecke, gefährliche Gadgets und Spielzeuge, auch künstliche Menschen, anthropoide Automaten, die in Unterhaltungsfilmen agieren und ihre beseelten Vorbilder an Expressivität und physischer Schönheit bei weitem überbieten sollen. Näheres weiß man nur aus Gerüchten und über Zapparoni ist lediglich bekannt, daß er der Meinung ist, „daß die Natur sowohl an Schönheit wie an Logik nicht genüge und daß sie zu übertreffen sei.“ Richard soll in den Fabriken die Position eines Aufsehers über die Produktionsabläufe übernehmen, zu dessen weniger overten, aber zentralen Aufgaben es gehört, auch den wissenschaftlichen und künstlerischen Stab zu überwachen. Da dieser aus sehr kapriziösen Persönlichkeiten besteht, auf deren, wie man heute sagen würde, „intrinsische Motivation“ der Konzernherr in hohem Maße angewiesen ist, stellt jede Art von Aufsicht ein äußerst heikles Unterfangen dar, das gleichzeitig Autorität, Distanz und Einfühlungsvermögen verlangt. Seine militärische Vergangenheit, sein technisches Wissen als Instruktor sowie vor allem wohl seine Verbundenheit mit feudal-aristrokratischen Traditionen lassen Richard für den Job als möglicherweise geeignet erscheinen. Um diesen Hintergrund kontrastierend zu mobilisieren, vor dem die Kälte der technisch-rationalen Welt sich abhebt, läßt der Autor den ehemaligen Rittmeister, sein Alter Ego, vor dem Anstellungsgespräch in Reminiszenzen an seine romantische Jugend beim Militär sich ergehen — bei der Kavallerie, bei den Leichten Reitern, bevor die auf Panzer umgestellt worden sind.

Das Gespräch findet — unwahrscheinlich genug — mit dem Konzernherrn Zapparoni persönlich statt, und zwar in dessen Privatresidenz etwas abseits der Fabrik, im umgebauten Refektorium eines ehemaligen Klosters, das von einem großen Garten umgeben ist. In den Räumen selbst, obwohl offensichtlich ausgestattet mit allem technischen Komfort, sind weder Roboter noch andere Apparate wahrzunehmen. Alles weist auf die gediegene, von der lauten Öffentlichkeit abgeschiedene Lebensweise eines vorkapitalistischen Grandseigneurs.

Hier ist in höchster Vollendung jene spätfeudale Kultur repräsentiert — oder besser: ihr bürgerliches Imago —, in der Richard sich zu Hause fühlt und als Teil eines organischen Ganzen, weil er ihr früher einmal dienen durfte — allerdings auf niedrigster sozialer Stufe. Ein Schulfall von „falschem Bewußtsein", wenn man so will, das aber die Referenz abgibt für alles, was da noch kommen soll.

Eine Glastür der Bibliothek führt zum Garten: „Der Blick fiel auf den Park wie auf ein altes Bild. Die Bäume strahlten im frischen Laubglanz. Sie säumten die Ufer eines Baches, der träge dahinfloß und sich zuweilen zu Flächen erweiterte, auf denen ein grünes Mieder von Wassermoosen schimmerte." Der Garten wird aus der Ferne als Idylle angedeutet. Das soll sich bei näherer Betrachtung bald ändern.

Das Bewerbungsgespräch nimmt für den abgesessenen Rittmeister keinen günstigen Verlauf. Zapparoni verwickelt ihn in ein verwirrendes Frage- und Antwortspiel zu hypothetischen Konstellationen von politischem, militärischem und ethischem Charakter. Bald erweist sich, daß Richard für die Position des

Aufsehers wohl kaum geeignet sein dürfte, da er weder den erforderlichen analytischen Verstand noch die notwendige moralische Kaltblütigkeit mitbringt. Gleichwohl läßt Zapparoni das Ergebnis offen, unterbricht das Gespräch und bittet den Bewerber, den er eher als gleichrangigen Besucher behandelt, am Ende des Gartens, nahe der Umfassungsmauer, auf ihn zu warten; beim Abschied warnt er ihn vor den Bienen.

In den alten Räumen der Bibliothek und während des Gesprächs auf der Terasse war die Zeit gemächlich verronnen, sie wahrte noch ihr menschliches Maß. Paradoxerweise ändert sich das im Garten, dem traditionellen Ort der Ruhe und der Kontemplation, wo Richard nun alleine ist. Er spürt, „daß die Zeit hier schneller lief und größere Wachsamkeit geboten war. In den guten alten Zeiten kam man an Orte, wo es ‚nach Pulver roch'. Heut ist die Bedrohung anonymer, ist atmosphärischer; aber sie wird gefühlt." Der Pulsschlag der Zeit beschleunigt sich und wird mechanischer. Das ist der erste Hinweis darauf, daß die Idylle täuscht und ein Ort ist, wo Gefahren lauern. Ein zweiter ist, daß die Spuren im Sand, die Richards Schritte hinterlassen, sich kurz darauf von selbst verwischen — vielleicht ein allegorisches Bild dafür, daß die Moderne ihre eigene Geschichte löscht, von der sie sich abgestoßen hat. Wie immer: Der Garten, scheinbar blühende Natur, ist ein magischer Bereich.

An seinem Rande, nahe der Umfassungsmauer, steht eine Hütte, in der zu warten Richard geheißen worden war. Allerlei Sport und Jagdgerät ist hier aufbewahrt, auch Werkzeuge für die Fallenstellerei. Ein Fernglas befindet sich darunter, und Richard beginnt, die Umgebung damit zu betrachten — die Bäume, die Blumen, die Blüten, die Insekten, die sie umschwirren, und auch die Bienenkörbe, die nahe an der Mauer stehen. Nichts Außergewöhnliches bietet sich seinen Blicken dar, seine gespannte Aufmerksamkeit läßt nach, das Gespräch hat ihn erschöpft, das Gesumm der Bienen beruhigt, das Murmeln des Baches ermüdet, der Rittmeister nickt ein.

Als er wieder erwacht, hat die Stimmung umgeschlagen. Nervosität liegt in der Natur. Vom kurzen Schlaf in der prallen Sonne verwirrt, orientiert er sich nur mühsam. Der Ort ist unfreundlich geworden.

Die Luft ist jetzt vom lauten Summen zahlloser Bienen erfüllt, und „etwas Fremdes“ ist an ihrem „friedlichen Geschäft“. Richard nimmt das Glas zu Hilfe, um eines der Wesen genauer zu studieren und wird zu seinem Schrecken gewahr, daß keine Sinnestäuschung ihn genarrt hatte: „Obwohl ich [...] wenig Insekten kenne, hatte ich hier sogleich den Eindruck des Ungeahnten, des höchst Bizarren, etwa den Eindruck: ein Insekt vom Mond. An diesem Wesen konnte ein Demiurg aus fremden Reichen geschaffen haben, der einmal von Bienen gehört hatte.“ Schockhaft wird Richard klar, daß es sich um keine Tiere handelt, sondern um kleine, gläserne Automaten. „Zapparoni hatte wieder einmal der Natur ins Handwerk gepfuscht oder vielmehr Anstalten getroffen, ihre Unvollkommenheiten zu verbessern, indem er die Arbeitsgänge abkürzte und beschleunigte. Ich schwenkte emsig das Glas, um seine Wesen zu verfolgen, die wie von starken Schleudern abgeschossene Diamanten durch den Raum fuhren. Ich hörte nun auch ihr zartes Pfeifen, das sich kurz überschlug, wenn sie hart vor den Blüten abbremsten [...]. Es mußte subtile Überlegungen gekostet haben, um Zusammenstöße zu vermeiden [...].

Der Vorgang erfüllte mich, ich muß es bekennen, mit dem Vergnügen, das technische Lösungen in uns hervorrufen. Dieses Vergnügen ist zugleich Anerkennung unter Eingeweihten — es triumphierte hier Geist von unserem Geist.“

Der Erzähler unterscheidet bald verschiedene Modelle, ganze Automatenvölker. Neben solchen von besonders bizarrer Konstruktion gibt es auch noch Schwärme natürlicher Bienen, doch „wahrscheinlich sollten diese Völker nur den Maßstab für die Größe des Triumphs über die Natur abgeben.“ Die Natur wird durch eingepaßte Artefakte in ihren Vorgängen der Stoffumwandlung beschleunigt, in ihrer Ökonomie der Energieverwertung rationalisiert, ja selbst in ihrer äußeren Erscheinung noch verschönt. Nach dem Ende der mimetischen Kunst, das schon Hegel vorausgesagt hat, wird die Technik selbst mimetisch, sie führt die Logik der Natur mit künstlichen Mitteln fort und schafft eine „Übernatur“. Die Traumwelt des Surrealismus, die ihre eigene Schönheit hat, entsteht nicht mehr in den Ateliers, sondern in den Laboratorien, durch sie wird die industrielle Häßlichkeit des 19. Jahrunderts und auch noch die des 20. zur Episode — was folgt, ist der Schock in Permanenz.

Als der Rittmeister die „Evolutionen" eine Stunde lang beobachtet hat, schlägt der anfängliche Schrecken um in Faszination und er beginnt bereits, über Verbesserungen nachzusinnen. Zugleich kommt ihm der Gedanke, daß die gläsernen Bienen keine Maschinen seien im ökonomischen Sinn, zur effizienteren Gewinnung von Honig — dieses Ziel wäre ja auf chemischem Weg leichter und billiger zu erreichen — als vielmehr Zwecke an sich selber sind. Kunstprodukte, *fast wie Natur,* welche die Schöpfung weiterführen.

Zugleich könnten sie freilich Waffen sein — Natur ist gefährlich, Übernatur erst recht.

In diesem Sinn äußerte sich Jünger sieben Jahre später, in den ‚Adnoten zum Arbeiter', in den ‚Maxima-Minima'. „Das Ziel der Technik", heißt es dort, „ist Erdvergeistigung". Und in dem 1959 erschienenen Essay ‚An der Zeitmauer' findet sich der Satz: „Wir haben eine Stufe der Ausrüstung gewonnen, auf der wir uns das Instrumentale nur um eine Kleinigkeit verändert zu denken brauchen, damit hervortritt, daß unsere Welt nicht nur eine Welt der Abstraktionen ist, sondern auch erdgeistige Wirklichkeit unmittelbar." Tatsächlich ist ja das, was man heute als „Zerstörung der Natur" beklagt, Folge ihrer Ausbeutung und eines gigantischen *Verzehrs* mit oft genug archaischen Mitteln, bemißt man sie am technisch möglichen Stand. *Nicht die Technik, die im Kantischen Sinn ein „Vermögen" ist, zerstört die Natur, sondern eine wild gewordene Ökonomie die traditionell gewachsenen „Kulturen".* Technik als solche aber, ledig des Zwangs zur ökonomischen Verwertung, treibt zum Spielerischen, zum Theatralischen, zur Ergänzung und künstlerischen Verbesserung der Natur, zur Perfektion ihrer Abläufe, zum naturüberbietenden „Simulacrum" der Natur, wie man schon im 17. Jahrhundert sagte und nicht erst im Anschluß an Baudrillard.

Die technisch-künstlerische Beschleunigung der natürlichen Evolution ist Schock genug, auch wenn sie das wieder gut machen sollte, was man heute ökologische Verwüstung nennt, denn sie zerstört auf jeden Fall das Gewohnte als das Natürliche und führt in eine neue, hybride Welt.

Das ist auch des Rittmeisters Richard Problem, des alten Konservativen, der versucht, im Garten von Zapparoni sich zurechtzufinden.

Dort nahm, wie er erzählt, „im Laufe des Nachmittags die Zahl der fliegenden Objekte erheblich zu. Im Zeitraum von zwei, drei Stunden raffte sich eine Entwicklung zusammen, an der ich während eines Lebens teilgenommen hatte — ich meine die Verwandlung einer außerordentlichen Erscheinung in eine typische." Er beginnt sich daran zu gewöhnen, doch als ein undurchsichtiges Modell auftaucht, fühlt Richard sich „vexiert".

Dieses rauchgraue Insekt, „ein Quarzschliff von der Größe eines Enteneis" fesselt den Betrachter und läßt ihn kommentieren:

„Es ist immer das gleiche: kaum hatte man eine neue Technik begriffen, zweigte sie auch schon ihre Antithese aus sich ab." Der Rauchgraue lenkt seine Aufmerksamkeit auf ein Wasserloch, um das er kreist, und Richard nimmt das Fernglas wieder auf, da er meint, daß ihn ein „Traumbild" narre: In einem von Wasserpflanzen umgebenen Sumpfloch sieht er einen „obszönen Gegenstand":

„Das Sumpfloch war von Schilfhalmen umgittert, durch deren Lücken ich die braune, moorige Pfütze sah. Blätter von Wasserpflanzen bildeten darauf ein Mosaik. Auf einem dieser Blätter lag der rote obszöne Gegenstand. Er hob sich klar von ihm ab. Ich prüfte ihn noch einmal, aber es konnte kein Zweifel bleiben: es war ein menschliches Ohr [...]. Ich begann nun, das Sumpfloch methodisch abzusuchen: es war mit Ohren besät! Ich unterschied große und kleine, zierliche und große Ohren, und alle waren mit scharfen Schnitten abgetrennt." Nach dem ersten Entsetzen beginnt Richard über den Sinn des grausigen Stilllebens nachzudenken. Er kommt zur Auffassung, daß die brutale Vorweisung abgeschnittener Gliedmaßen notwendig zur technischen Perfektion gehöre und zu ihrer gleichgültigen Kälte gegenüber allem Organischen. Die Idee, daß mit scharfen Schnitten abgetrennte Gliedmaßen eher zu einem realistischen Bild der Kavallerie gehören, die ja mit dem Säbel kämpft, weist der den guten alten Zeiten nachtrauernde Rittmeister a.D. ebenso von sich wie dessen Schöpfer Jünger. Aber immerhin erwägt er die Möglichkeit, daß Zapparoni ihn auf die Probe stellen wollte.

Denn es könnte sich vielleicht ja auch um künstliche Gebilde handeln, um Organe aus Kunststoff; dann freilich wäre die Imitation perfekt gelungen, denn eines der Ohren „wurde von einer großen blauen Fliege angeflogen".

Mit dieser Beobachtung treibt die Geschichte ihrem Höhepunkt zu und ihrer verwirrenden, für das traditionelle Bewußtsein grausigen Pointe. Sie wird ausgesprochen in dem Satz des Erzählers:

„Überhaupt verlor ich bei diesem angestrengten Prüfen und Schauen das Unterscheidungsvermögen zwischen dem, was natürlich, und dem, was künstlich war. Das wirkte sich den einzelnen Objekten gegenüber als Skepsis aus und hinsichtlich der Wahrnehmung im ganzen so, daß sie nur unvollkommen trennte, was außen und innen, was Landschaft und was Einbildung war. Die Schichten legten sich dicht aufeinander, changierten, vermischten ihren Inhalt, ihren Sinn." Diese Auflösung der sinnlichen Gewißheit nimmt Richard zum Anlaß für grundsätzliche Betrachtungen über Zapparonis illusionistische Projekte, insbesondere über die künstlichen Menschen, die in seinen Filmen agieren. Er erkennt in ihnen ein Potential, das Natur und Geschichte transzendiert, den Keim einer neuen Wirklichkeit, jenseits der Not des alt gewordenen Humanen. Mit diesen Meditationen kommt die Lehre der Erzählung ins Kippen, genauer gesagt, sie bilden den labilen Ambivalenzpunkt zwischen Apologie und Kritik, zwischen Zustimmung und Argwohn, auf dem auch Jüngers eigene Gedanken zur Technik balancieren. Über die künstlichen Schauspieler also reflektiert der Erzähler:

„Ich will natürlich nicht behaupten, daß sie die Menschen übertrafen [...]. Dagegen meine ich, daß sie dem Menschen ein neues Maß gaben. Einst haben Gemälde, haben Statuen, nicht nur auf die Mode, sondern auch auf den Menschen eingewirkt. Ich bin überzeugt, daß Botticelli eine neue Rasse geschaffen hat. Die griechische Tragödie erhöhte die menschliche Gestalt. Daß Zapparoni mit seinen Automaten ähnliches versuchte, verriet, daß er sich weit über die technischen Mittel erhob, indem er sie als Künstler und um Kunstwerke zu schaffen anwandte [...]. Hier wurde die Marionettenwelt sehr mächtig, entwickelte ihr eigenes, feines, durchdachtes Spiel. Sie wurde menschenähnlich und trat ins Leben ein. Da wurden Sprünge, Scherze, Capriccios möglich, an die nur selten einer gedacht hatte. Hier gabe es keinen Defaitismus mehr. Ich sah den Eingang zur schmerzlosen Welt. Wer ihn durchschritten hatte, dem konnte die Zeit nichts anhaben. Ihn faßte kein Schauder an." Der Monolog markiert jenen Punkt der Reflexion, an dem der Erzähler den Sinn des Gartenerlebnisses zu begreifen beginnt — er entschlüsselt sie als Realmetapher für den letzten Sprung aus der Geschichte, für den Eintritt in eine zeitlose Posthistoire, in der die organische Vergänglichkeit aufgehoben ist. Das Mißtrauen und der Argwohn gegen die hybride Welt der technisch verbesserte Natur weichen der Zustimmung zur demiurgischen Kraft ihres menschlich-übermenschlichen Konstrukteurs Zapparoni. Der Erzähler erliegt der Faszination des Gedankens, daß die Natur nicht das letzte Wort der Schöpfung, vielmehr durch den Menschen überwindbar sei, er träumt für einen Moment noch einmal, am Ausgang der klassischen Moderne, die Vision von einer Welt, die einmal die Frühsozialisten träumten und die auch die Kunst der Avantgarde noch antrieb: einen Zustand jenseits der Geschichte, ein künstliches Paradies der Automaten, aus dem die Zeit und der Verfall verbannt sind, ein kaltes Leben über der Natur, das den Mangel, den Schmerz, den Tod nicht mehr kennt.

Diese Vision von einer Parusie durch Technik, Fluchtpunkt der Säkularisation des Heils und ideelle Triebkraft der Moderne ist heute hoffnungslos desavouiert — und zwar gerade in dem Maße, als sie in die Wirklichkeit tritt, als die dressierte Materie lebendig wird, als der konstruierte Klumpen zu denken beginnt.

Auch Richards, unseres Protagonisten, Faszination an der technisch vollendeten Welt schlägt jäh wieder um in Grauen, als er eines der abgeschnittenen Ohren anfaßt:

„Als ich das Ohr betrachtet hatte, war es mit dem Wunsch geschehen, daß es ein Spuk, ein Kunstwerk, ein Puppenohr sei, das niemals den Schmerz gekannt hätte. Nun aber erschien es mir im Nachbild und enthüllte dem inneren Auge, daß ich es von Anfang an und immer, seitdem ich es erblickt, als den Brennpunkt dieses Gartens erfaßt [...] hatte. Damals in Asturien hatten sie die Leichen aus den Gräbern gezerrt, um der Menschheit zu kündigen [...]. Hier aber war der Geist am Werk, der das freie und unberührte Menschenbild verneint." Diese Erkenntnis der Bösartigkeit Zapparonis und seiner Automatenwelt versetzt Richard in Zorn. In einer atavistischen Aufwallung zerschmettert er mit einem Golfschläger die große gläserne Biene, die ihm den Weg zu den amputierten Ohren gewiesen hatte. Im Explodieren verspritzt sie Säure.

Kurz darauf erscheint der Erfinder. Er reagiert nicht unfreundlich auf Richards aggressives Verhalten, obwohl es ihn eine schöne Stange Geld gekostet haben muß, denn Automaten, Prototypen zumal, sind teuer. Eher reagiert er mit Ironie und einer gewissen väterlichen Milde. Die Geschichte mit den Ohren stellt sich übrigens als harmlos heraus: es handelte sich tatsächlich um Attrappen, die man ausgelegt hatte, um den Bewerber einer Prüfung zu unterziehen. Die hat Richard — „natürlich" — nicht bestanden. Der alte Offizier, Vertreter konservativer Werte, der die Schrecken des Jahrhunderts in ihren schlimmsten Formen miterlebt, ja man muß sagen: mitgestaltet hat, verlor angesichts einer technischen Spielerei ganz einfach die Nerven. Denn sie kündete von einer Welt, die nicht mehr die seine ist. Für eine höhere Stellung kommt er nicht in Betracht. Er ist einer, der, wie es so heißt, „nicht mehr mitkommt", und auch nicht mehr mitkommen will.

Gleichwohl bietet Zapparoni ihm einen Posten an. Keinen leitenden zwar, sondern einen *vermittelnden,* wie er seinem konservativen Charakter gemäß ist: den eines Schiedsrichters bei Streitereien in der Firma, nicht ohne Ironie dem Offizier die Rolle eines Friedensstifers. Und der Rittmeister nimmt an, denn er muß ja von etwas leben.

Endet die Geschichte also, wie Hegel sagen würde, mit „einer Art kotzebuescher Versöhnung, einer liederlichen Verträglichkeit der Empfindsamkeit mit dem Schlechten"?

Wohl kaum. Denn Richard, dieser ausgebrannte Dandy, Romantiker einer untergegangenen Epoche, bleibt durchaus auf Distanz, wahrt seine innere Autonomie oder — um einen Ausdruck zu gebrauchen, der Jünger teuer ist — seine Désinvolture: als weitgehend teilnahmsloser Betrachter einer ihm fremd und schal gewordenen Welt, der er gleichwohl in seinem kognitiven Urteil Gerechtigkeit widerfahren läßt, wenn sie ihn auch emotional abstößt. Er spielt in ihr nur äußerlich mit, als Fremder. Der ebenso müde wie arrogante Konservative steht für so etwas wie traditionelle Werte, deren Funktion er in der Erinnerung verklärt. Sie nicht zu verraten, ist ihm eine Frage des Stils, auch wenn er weiß, daß sie historisch erledigt sind.

So kann man sagen, daß die Partie zwischen Richard und Zapparoni doxologisch remis ausgeht, wenn auch die Sympathien Jüngers, des Schöpfers der beiden Protagonisten, in denen sich idealtypische Gestalten unseres Jahrhunderts verkörpern, eindeutig auf Seiten des „wertekonservativen" Kavalleristen liegen, also auf Seiten des historischen Verlierers.

Die widerstrebende Objektivität Jüngers gegenüber der Technologie und ihren Übertritt in eine wahrhaft „zweite Natur" drückt in dem Text sich zum Beispiel darin aus, daß deren überzeugend geschilderte Bösartigkeit immer nur als *Drohung* vorhanden ist, also latent bleibt, nie manifest in Erscheinung tritt — ihre Ablehnung gründet auf einem *ästhetischen* Urteil, nicht auf einem *moralischen.*

So sind die Rückblenden und Seitenstränge der Erzählung, die aus der Welt Zapparonis heraus, also in die geschichtliche Welt zurückführen, voll von Grausamkeit und Brutalität — der einzige Gewaltakt im Garten aber, der als „übler Ort" geschildert wird, ist des Rittmeisters etwas lächerlicher Maschinensturm mit dem Golfschläger.

So bleibt auch Jüngers Reaktion auf die Technik und die von ihr entborgene künstliche Welt letztlich ambivalent — sie schwankt zwischen Faszination und Grauen.

Zugleich versucht er ihr gegenüber einen Standort zu gewinnnen, der frei ist von einem totalisierenden Urteil und ihre historische Unausweichlichkeit anerkennt. Denn, so hatte es schon in den ‚Afrikanischen Spielen' von 1936 geheißen, „wir treten in einen seltsamen Abschnitt ein, in dem man zugleich natürlicher und künstlicher lebt, und Hoffmanns Visionen gewinnen Realität." In dieser Welt — so wieder in den ‚Gläsernen Bienen' — „kann nur leben, wer an kein happy end mehr glaubt, wer wissend darauf verzichtet. Es gibt kein glückliches

Jahrhundert, aber es gibt den Augenblick des Glücks und es gibt Freiheit im Augenblick." So triumphiert auch für Richard am Schluß der ,Gläsernen Bienen' das Lächeln einer Frau über die Automatenwelt, und Natur behält das letzte Wort.

Doch was gibt ihm, so muß man wohl fragen, nach allem, was ihm im Garten widerfuhr, die Gewißheit, daß nicht auch *sie* eine von Zapparonis Automaten ist?

„Es ist am Technischen viel Illusion", so hatte es geheißen, schon an den gemalten Trauben des Zeuxis haben die Vögel gepickt, und ein Zapparoni ist von anderem Format. Dann gäbe es kein Entkommen mehr, nicht einmal im Augenblick, und Richard liebte einen Fetisch, im Glauben, er sei Natur. Womit freilich der Unterschied — entfiele.

Mai 1990

Textnachweise

Das Ende der Utopie oder Man lache nicht über Fukuyama. LEVIATHAN 4/1990

Mythologie als Mythisierung. Das neue Interesse am Immergleichen. FORVM 420

„Ein herrlicher Sonnenaufgang" oder Die Tugend und der Terror. FORVM 426

Die Ordnung der Liebe. FALTER 20/1989

Mediale Sittlichkeit oder Die neue Lust auf Tugend. FRANKFURTER RUNDSCHAU 14. Juli 1989

Natur als Projekt. Warum es so schwierig ist, ein Grünes Programm zu schreiben. FALTER 30/1989

Politik in dürftiger Zeit. Kleine Nachbemerkung zur Großen Geschichte. FALTER 39/1989

Die Aufhebung des Todes oder Die Dialektik der Grenze. In: Adolf Frohner, Liebe und Tod (Katalog), Wien 1989

Jenseits der Landschaft. Das Naturschöne als Kunstprodukt. FORVM 433

Sohn-Rethels Problem. FALTER 17/1990

In Zapparonis Garten oder die Perfektion der Natur. FORVM 442